適度防衛

用更柔軟的姿態
靠近彼此

—推薦序—

防衛，需要被溫柔以對

胡展誥 諮商心理師

前來諮商室談話的人，大致上可以分為二種類型：

一種是自願前來尋求協助，另一種是因各種原因而被他人強迫來談話（也稱之為非志願個案）。多數人會覺得非志願個案應該比較不配合、談話進度也難以推進，對吧？

但實際上，無論是不是自願來談話，難免都會遇到談話無法深化、總是在某些表層議題打轉的時刻。處在這種難以前進的狀態下，有時候會讓人感到挫折、氣餒，甚至生氣。

包括治療師在內的想要幫助他的人，心裡不免氣憤：「能說的都說了，為什麼就是不願意配合？為什麼就是不願意坦誠以對？這樣子我怎麼能幫上忙呢？」「你到底有什麼問題？」

「防衛」一詞很容易讓人聯想到封閉、拒絕溝通、不願配合……等負面意象。在心理治療的過程中，防衛導致治療師無法繼續深入來談者的內在世界、使得治療停滯不前。

因此，拆除、突破對方的防衛就成了許多人直覺想使用的策略。

但事實上，所謂的防衛機制，其實也是一個人用來保護自己的方式。只是他所保護的，是內在層次的某些東西。好比說：

- 一個說謊的人，很可能是害怕被他人看見脆弱不堪的一面。
- 一個表現反向行為——「明明討厭對方，卻討好對方」的人，或許是為了避免可怕的人際衝突。
- 一個壓抑——「內在很有事，嘴巴卻說沒事」的人，或許是為了避免因情緒化而失控的行為。
- 一個合理化——「吃不到葡萄說葡萄酸」的人，很有可能是在安頓內在的失落。

沒有一個人不想要活得輕鬆自在，除非他的環境不允許。

記得很久以前，曾聽前輩們這樣描述：

剛出道的心理師，經常被來談者的防衛機制拒於門外；稍有經驗的心理師，致力於突破來談者的防衛機制；資深的心理師，能夠包容並善待來談者的防衛機制。

在一個人的防衛背後，往往就是他最真實、也最脆弱的部份。換句話說，防衛機制其實就是一道戒備森嚴的大門，裡頭藏放著一個人豐富的生命經歷。

面對防衛機制，不需要去質疑對方「你到底有什麼毛病」，而是要去關心對方「你發生了什麼事」。

當一個人感受到被接納、理解，所處的環境是安全的，就能逐漸卸下那一層厚重的防衛，用更輕鬆的姿態來面對自己與他人。

翻開這本書，你會對於防衛機制有更完整的理解，帶著這一份理解，你將會更尊重對方

（也包括我們自己的）的防衛機制，並且願意用更柔軟的姿態來靠近彼此、與這一層防衛友善地對話。

Contents | 目錄 |

第3章 親子關係的情感隔離

第4章 防衛之二：反向作用

第5章 社會現象中的反向作用

第6章 防衛之三：投射

第9章 文化、權威、性別認同

第10章 防衛之五：自我功能抑制

第14章 防衛之八：替換、合理化等

第15章 防衛之九：幽默、社會化與疏離等

第16章 防衛之十：投射性認同

第17章 面對防衛的阻抗

第 1 章

防衛機制是什麼

醫師這樣說

- 在精神分析師眼裡，所謂的正常人就是神經症。
- 情感隔離屬於成熟的防衛機制。

無意識的自我保護

精神分析研究的核心內容之一，是一個人怎樣進行自我保護，即自我防衛機制。意思是說，在我有一段痛苦的經歷或者情緒的時候，我可以調動自我功能，把它排斥在意識範圍之外，即痛苦依然存在，只是我感覺不到它。

我們熟悉的一些成語或者慣用語，從精神分析的角度而言，就是在說防衛機制。比如自欺欺人、阿Q精神勝利法等，如果拋開它們的語言感情色彩來看，實際上是說一個人在面臨危險或者痛苦的時候，是怎樣保護自己的內心的。如果沒有這些防衛機制的保護，人可能就會崩潰。

那些選擇自殺的人，他們的防衛機制已經不再起作用，所以他們選擇了離開這個世界。凡是現在還活著的人，可以說他們使用了有效的保護自己的措施，也就是防衛機制。

防衛機制的不同層面

原始狀態

我們每一個人的「硬體」都差不多，這就是所謂的「先天」和「與生俱來」。如果從防衛機制的角度來說，我們天然地具有使用防衛機制的硬體。但是在後天的成長過程中，我們會因為早年跟父母的關係學會了某些防衛機制，或者學不會某些防衛機制，或者在應該學習更高級防衛機制的時候喪失了機會，仍然處在使用原始防衛機制的狀態中。

成熟和不成熟

我們要使用與年齡匹配的防衛機制。人在每一個年齡階段，都有一些跟這個年齡階段匹配的防衛機制。如果在成長的過程中，出現了一些創傷性事件，就可能使我們停留在那個階段。比如，嬰兒期如果有巨大創傷的話，我們使用的防衛機制可能就停留在這個階段的防衛機制上。所以，我們看到很多成人還在使用嬰兒般的防衛機制，這樣的人往往可以被診斷為患了某種疾病。

成人的防衛機制和嬰兒的防衛機制非常不一樣。成人的防衛機制更加成熟，保護的力量更強。如果一個人在成年期還使用嬰兒的防衛機制，這個人可能是神經症病人，或者是人格障礙病人，甚至是精神分裂症病人。所以，防衛機制是我們對一個人的人格，或者整個精神狀態做出診斷的標準之一。

意識和潛意識

防衛機制可以是意識層面的，也可以是潛意識層面的。通俗地說，可以是有意使用的，也可以是無意或不自覺使用的。比如，我對其他人有很多恐懼的話，我可能會直接拒絕別人讓我參加聚會的邀請。我知道在跟他們的聚會中，可能會有一些衝突，這樣我會對他們說「我今天有事」、「我不習慣熱鬧」，用這種方式來保護自己，避免使自己處在一種可能增加焦慮的狀態中。

此外，我拒絕別人，也可能是因為我不知道自己在人群中會很焦慮，我已經養成在家裡看書、上網、看電視的習慣，這樣我會更舒服一點。我不知道自己是因為對人際關係的恐懼而拒絕別人，這就是潛意識層面的防衛了。只有意識層面的防衛機制，我們能夠有意識地培養或者發展，而潛意識層面的防衛機制，首先需要把它意識化。

防衛背後，藏放著不同的生命歷程

樂觀和悲觀

為什麼同樣的創傷性事件，對不同的人影響不同，導致的後果也不一樣？比如失戀，有的人失戀後會自殺，有的人失戀後，除了痛苦之外，他可能會這樣想：「我有機會發展另一段戀情了」。這就是完全不同的防衛機制在起作用。

一個人在面臨重大的創傷性事件時，周圍是否有可以利用的人，以及怎麼利用，都跟他的防衛機制有關係。所謂天生的樂觀、天生的悲觀，也是因為受不同的防衛機制的影響。

所謂的天生，我們把它設定為每個人來到這個世界上，都獲得的相同的東西。不過，在後天的成長過程中，我們獲得了不一樣的自我保護的方式。樂觀的人，在遇到一些創傷性事件的時候，能夠使用更加成熟的防衛機制，使用更加有利的、有效的防衛機制。而悲觀的人，使用的是不成熟、不利的防衛機制。

樂觀或者悲觀，都是後天習得的。心理諮詢和心理治療，是通過語言的力量來製造改變，而不是通過改變某些遺傳基因的片段來製造改變。在心理治療中，或在跟精神分析有關的所有講授中，我們要避免談「天生」這個概念。

同一家庭手足也存在差異

外人看一個家庭的時候，會覺得這個家庭的經濟狀況、教育環境等，對這個家庭中的孩子來說都差不多。但是作為生活在這個家庭中的體驗者，他們的感覺是不一樣的。比如，最大的孩子對這個家庭的感受，與最小的孩子對這個家庭的感受，差異可能會非常大；男孩在這個家庭中的感受，與女孩在這個家庭中的感受，也可能不一樣。

對不同的孩子，父母往往會有不同的對待方式。孩子之間因為競爭或者認同方面的問題，可能也會採取不同的防衛機制。比如，每個人都希望自己被關注。作為多子女家庭中的一個孩子，需要表現得跟別人不一樣才能被關注，這也會造成兄弟姐妹之間的巨大差異。這些不同或差異，會給孩子防衛機制的成熟度帶來很大的影響。

使用的防衛機制等級不同

在精神分析師的眼裡，這個世界上只有三種人。

第一種是有嚴重的精神病的人。包括精神科診斷的精神分裂症和嚴重的情感障礙、躁鬱症等疾病患者。

第二種是有人格障礙的人。他們也使用跟精神分裂症等嚴重的精神病患者同樣的防衛機制。但是，跟精神病患者最大的不同是，人格障礙患者還有現實檢驗。也就是，他們知道什麼是真的，什麼是假的，什麼是幻想，什麼是現實，他們有判斷的能力。

所以，如果是嚴重的精神病患者在發病期間殺了人，他們是不用承擔刑事責任的，因為他們的現實檢驗喪失。而人格障礙患者如果殺了人，是需要負全部責任的。

第三種是有神經症的人。在精神分析師眼裡，所謂的正常人就是神經症，表示他們已經發展到人格的最高級別。精神分析師認為，只要有神經症性的內心衝突，就叫神經症。比如關於男和女的衝突，生和死的衝突，對成功的渴望以及害怕成功後的懲罰的衝突，只要有這三類衝突，就可認為是神經症。這與精神科醫生的診斷不同。精神科醫生對神經症的診斷是一定要有神經症的一些症狀，比如強迫、抑鬱、焦慮等。神經症患者（或者正常人）使用的是情感隔離的防衛機制。

一般來說，如果一個人使用情感隔離的防衛機制，就表示他處於情感發育相當成熟的階段，專業地說這屬於神經症性的防衛；如果一個人使用的主要防衛機制是壓抑、情感隔離、反向作用等防衛機制，我們就會認為他處於人格發展的最高級別階段。

不同的場合，使用不同的模式

適應性VS非適應性

通常，我們不說防衛機制是健康的還是不健康的，而是將其分為原始的防衛機制和成熟的防衛機制。否認、投射性認同屬於原始的防衛機制，或者說不成熟的防衛機制，情感隔離屬於成熟的防衛機制。

所謂防衛機制成熟或不成熟，跟防衛機制的適應性、非適應性有關。舉個例子，如果一個醫生在面對很多病人的時候，他使用隔離的防衛機制使自己能夠持續工作，這就是適應性的防衛機制。

比如，我曾在醫院工作過，見到過很多生老病死。再如，遇到災難發生時，外科醫生可能要面對很多血淋淋的場面。如果這時候他們不採取情感隔離的防衛，就沒辦法工作下去，當時可能就崩潰了。

當然，一個外科醫生在工作的時候使用情感隔離是適應性的，但是如果他把情感隔離的防衛措施用在他跟家人的關係中就是非適應性的。這可能會讓他的配偶或者孩子感到他是冷冰冰的，沒有任何情感體驗。

所以，我們要靈活地轉換防衛機制，在不同的場合使用不同的防衛機制。如果我們在所有場合都使用同樣的防衛機制，即使其本身是神經症性的防衛機制、成熟的防衛機制、適應性的防衛機制，在某些特定的場景中，也可能是不合適的。

比如，一位女會計師，她在工作中非常嚴謹，是一個完美主義者。這讓她的職務不斷遷升，她不斷被讚美，但是如果她把這樣的嚴謹和完美主義傾向用在夫妻生活中，可能就很糟糕，甚至有可能導致婚姻的破裂。

一致性VS靈活性

生活中有很多這樣的人，他們分不清楚職場上的防衛和家庭關係中的防衛，這就導致了很多衝突。當然，也有很多適應性很好的人，他們在工作時是一種樣子，在家庭生活和親朋好友之間，是另一種樣子。

可以說，有時候情感隔離是工作的武器。在工作中，如果沒有足夠的情感隔離，可能會讓我們無法正常工作。在戰場上，對將軍的要求是慈不掌兵。也就是說，如果對部下非常仁慈，會帶不好隊伍。當然，一個將軍在生活中還可以是詩人，他可以寫情感非常豐富的詩歌。這並不矛盾，或者說這種矛盾本身是健康的。

工作中的行為模式與生活中的行為模式看起來不一致，有些人覺得是人格分裂，心理不健康。其實，行為模式的一致性並不是判斷一個人心理是否健康的標準。比如，偏執型人格障礙的病人，他們往往能夠一輩子表現出在任何狀況下的一致性，但是這顯然缺乏靈活性。所以，我們對心理健康狀況的判斷標準是，一個人的整體人格是否在適應方面具有靈活性，也就是在不同的場合能否表現出不同的人格側面。

人格發展影響防衛機制

我們在不同的場景裡要用不同的防衛機制，在扮演不同的角色時需要不同的防衛機制。我們在職場作為領導者時需要的防衛機制，與在家裡做父親、丈夫、母親、妻子時使用的防衛機制是不一樣的。如果我們不能分辨這些角色的不同，就表示我們的人格發育得不好。

一個人的人格成長其實有很多方式，比如，看心理醫生，做幾百次的自我體驗；在生活中接觸很多人，受這些人的影響慢慢變得成熟起來；經歷過很多創傷性事件，但是自己沒有垮，變得越來越成熟，這就是所謂的「天將降大任於斯人也」，艱難的考驗可以促進一個人的迅速成長。當然，如果一個人本身的人格發育不太好，災難性的事件很可能會讓他崩潰，因為他完全沒有辦法自我保護，他的防衛機制會整體垮掉。

第 2 章

防衛之一：情感隔離

醫師這樣說

- 我們的所有問題，都是在人際關係中形成的。
- 情感隔離實際上跟情感麻木是一回事，就是我對他不再有感覺。

用忽視、壓抑和迴避的方式，減輕痛苦的衝擊

情感隔離，意思就是我有一段痛苦的體驗，這種體驗正在我能夠覺察的範圍內發生，因為它過於痛苦，所以我需要採取一種辦法，把它排斥到潛意識裡去。

比如，在地震發生後，有些人的親人去世了，但是他們還能去救別人，就說明他們有著高度的情感隔離。也就是說，他們讓自己暫時體會不到親人去世的悲痛，把悲痛壓到潛意識裡去，使自己整個人格的力量，不受這些痛苦情緒的衝擊，能夠保護自己，使自己處在一種能夠救助別人的狀態中。

有些新聞媒體在採訪這些人的時候，稍不注意就會產生反作用。比如，問他們在親人喪生之後的感受，這是非常錯誤的做法。要知道，這些人是把痛苦情感隔離了，才使自己處於一種能夠救助他人的狀態。如果對他們提這樣的問題，就相當於讓他們重新體會到那些被壓抑或者被隔離的情感體驗，使他們處在受巨大痛苦衝擊的狀態中，這樣他們肯定就無法保護別人了。

主動使用

心理治療師面對來訪者或者精神科醫生面對病人的時候，常常通過診斷來隔離自己的情感。

我剛參加工作的時候，工資裡有一部分是衛生津貼，就是所謂的「挨打費」。那時候，我一個月的薪資是70多元，但有20多元屬於「挨打費」。因為我們跟精神病人一起工作的時候，有可能受到精神病人的威脅，比如被打。

我曾經被同一個病人攻擊過兩次。這個病人是一個19歲的男孩，我想了很多辦法，都無法消除他那些妄想和幻覺的症狀。有一次，我正在病房的大廳裡跟一些病人說話，他從後面用一個瓷杯子砸了我的腦袋。我當時一陣眩暈，但想的是「我可能又要給他換藥了」。

還有一次是在走廊裡，我看見他爸爸拉著他散步，我知道他可能會攻擊我，於是假裝沒看見他，準備從他側面偷偷地溜過去，但是他沒有放過我，他甩開他爸爸的手，直接衝到我面前，朝著我的臉部打了一拳。我感覺到劇痛，但心裡想的是「我要給他加藥了」。我對他的這種攻擊沒有相應的憤怒情感。

這是典型的情感隔離。如果一個正常人這樣攻擊我，我可能會憤怒，然後想去報復他。但是，因為在我和這個男孩之間隔著一個嚴重的精神分裂症的診斷，所以我沒有跟他計較，沒有憤怒的情緒，而只有理性的思考，「我可能又要給他換藥了」、「我要給他加藥了」，只是想辦法消除他的症狀。

實際上，情感隔離是在保護自己。比如在一些地方旅遊，我們可能要面對糟糕的廁所環境。我自己隔離得不太好，如果使用了那樣的廁所，會很長時間都覺得不舒服。而有些情感隔離好一點的人，他們可能只是當時不舒服，一離開那個環境，很快就恢復到正常的狀態，不會讓自己受到太大的影響。

轉移注意力

情感隔離，實際上跟情感麻木是一回事，就是我們對某人某事不再有感覺，我們已經麻木了。我相信，很多人都體驗過麻木這種感覺，也曾經看到過，很多人處在很麻木的狀態中。

當然，也有這種情況，就是通過分散注意力臨時解決了問題，但是當我們再次回想起那些事情的時候，還是能感覺到同樣的情感衝擊力。這說明我們的情感隔離沒有進入到潛意識層面。

看到一件糟糕的事情時，我如果覺得自己受的衝擊太大，會通過轉移自己的注意力，讓自己不要對此有情感反應。剛開始處於這種狀態的時候，我會不舒服，表示我的情感沒有隔離；通過轉移注意力，那些不舒服的情感離我遠去，進入我的潛意識，情感就隔離了。

比如失戀，失戀是很痛苦的，於是有的人失戀後就全身心地投入到工作中，讓自己變得非常忙碌，沒有時間去想痛苦的感受。這樣的人隔離了情感，失戀帶來的巨大衝擊力就會減弱，因為注意力分散之後，那種痛苦的感覺完全進入潛意識，感覺不到了。

地震有治療情感隔離的作用

汶川地震是巨大災難，有很多人喪失了生命。但是從另一個角度來看，這次災難性事件也起到了治療作用。

因為各種各樣的原因，人與人之間的交流存在著情感隔離，人們不太能體會到他人的感覺。而地震啟動了人與人之間情感的連接，很多人為災區人民捐款，還有很多志願者去幫忙，有的志願者甚至長年留在那裡，幫助那些在災難中失去親人或者喪失健康軀體完整性的同胞。

從這個意義上來說，地震對情感隔離有治療效果。當然，我們寧可不要這樣的治療，寧可通過別的方式，來治療人與人之間的情感隔離。

延伸閱讀

在關係中解決問題

大多數人的問題，往往是在早年有問題的關係中形成的，或者說是在早年與父母的問題關係中形成的。這些問題，需要在成年後的人際關係中解決。

這裡說的人際關係主要有兩種：一種是自然而然的人際關係，比如在生活和工作中接觸到一些人；一種是刻意製造的人際關係，比如去找精神分析師做治療。這兩種人際關係沒有優劣之分，都非常重要。

一些有心理問題的人，他們拒絕在這兩種關係中改變，而是自己在家裡通過閱讀或者面壁等孤獨的方式解決。可以肯定地說，這樣的方式也許對一部分人有用，但對大多數人來說，都不是太好的方式。我們見到過太多的人，他們用這種自我封閉的方式讓自己的問題變得越來越嚴重。

情感隔離的表現

看似冷漠，卻是情深

一個孩子的父母在災難中去世了，有人跟他談話的時候，發現他對父母去世完全沒感覺，他還是像什麼事情都沒有發生一樣跟其他孩子玩。從專業角度來看，他處在巨大的情感隔離中。因為他還是孩子，自我保護功能非常弱，直接面對父母去世這樣的事情，會讓他崩潰。所以，他自動採取「這件事情跟我沒關係」這樣的方式，若無其事地和其他孩子玩。

對心理學不瞭解的人會認為，這個孩子冷漠無情，完全像個冷血動物一樣。但是如果從心理學的角度深入地理解這個孩子，就會知道，他之所以這樣，恰好是因為這件事情對他的情感打擊太大，他為了自我保護，讓自己處在貌似這件事情沒有發生的狀態中。我們如果能這樣想，就是真正跟這個孩子共情了。

另外，很多人在面對精神分析師的時候會說：「我父親（母親）去世的時候，我一點悲傷的感覺都沒有，我為此感到非常內疚。」我們給他們的解釋是：「因為你對這件事情太有感覺了，也就是這件事對你的衝擊太大了，你沒有辦法面對這件事情，所以你把自己的情感隔離開來。這不表示你沒有情感，而是你有巨大的情感，這種情感可能會毀滅你。」

從精神分析的角度來說，很多事情在意識層面和潛意識層面是相反的。我如果在與一個人的關係中有巨大的情感體驗，可能反而會以冷漠的方式來表達。父母在與孩子的關係中應該有很多情感體驗，但是他們害怕這種情感體驗，所以他們可能用「學習」這樣不帶任何情感色彩的東西隔離起來。貌似無情，卻有情。

放聲大笑的悲痛

在一次小組討論案例的過程中，案例報告人報告了一個非常悲傷的案例。小組十幾個人中，幾乎所有人都覺得非常痛苦，只有一位女治療師捂著嘴巴在笑，而且還在偷看別人的糟糕狀態。在這個案例進展到非常悲傷的時候，有好幾個小組成員都哭了，這位女治療師實在憋不住了，放聲大笑起來。其他人都非常憤怒，要把她趕出去。

這個時候做案例督導的老師說：「我們看到了反差非常大的情景，大部分人都非常悲傷，有一個人放聲大笑。我對這件事情的解釋是，也許這個案例的痛苦能夠極大地刺激這位大笑的治療師的內心感受。她有非常類似的痛苦經歷，所以她需要巨大的情感隔離，讓自己不要觸碰痛苦的部分。」

督導老師這樣說了之後，那些覺得憤怒的人變得不那麼憤怒了，忍不住大笑的女治療師也慢慢變得安靜。

督導老師用的技術是面質。通過面質的方式，讓有著巨大情感隔離，放聲大笑的女治療師，開始觸及她痛苦的部分，讓她跟自己高度隔離的情感建立連接，她笑的力量就被削弱了。

有的人在敘述他們的痛苦經歷時，很可能像這位女治療師一樣，一邊說一邊微笑。如果他們的痛苦是需要面對的，他們也沒有處在一種需要救護別人的狀態，或者面對其他需要自我功能發揮出來才能產生作用的事情時，我們面質他們是可以的。也就是說，在一般情況下，面質痛苦是沒問題的。

比如，我們可以對他們說：「你剛才說的那些痛苦的事情，讓我覺得很傷心，但是我看到你跟你的情感保持很遠的距離，你是一邊說一邊笑著的。」通常情況下，做到這種程度就可以了。

經常夢到去世的人

有位來訪者的媽媽去世了，他沒有表現出悲傷，但之後經常做夢，會夢到他媽媽，會夢到同樣的場景。這也是一種情感隔離，因為夢是最接近潛意識的東西。在覺醒的狀況下，我們隔離與他人的情感，而在夢中卻沒辦法隔離，所以就不斷地跟他們接觸，讓他們從夢中復活。這是一種代償，一種補償。

夢提醒這位來訪者，他媽媽已經去世。他不斷地在夢中遇到同樣的場景，實際上是保持跟媽媽的連接，用這種方式來哀傷。所以，夢也是我們哀傷的一種形式。如果我們在醒著的時候無法正常哀傷的話，夢就會幫助我們哀傷。

在意識層面，這位來訪者其實是在做情感隔離，但在潛意識層面他還是會做一些情感連接。可以這樣說，在意識層面，他感覺不到自己的悲傷，但是在潛意識層面，他是可以感覺到的。比如，在夢裡我們能感受到悲傷，因而經常出現的情況是，在現實中去世的親人會頻繁地出現在我們夢中。夢告訴我們，這個親人沒有去世，所以我們沒有必要那麼悲傷。

儀式行為

儀式行為，實際上是人類系統使用的情感隔離方式。也就是說，用儀式性的、比較僵硬的、不能變化的行為，來隔離我們的感受。一個強迫症患者，會使用很多儀式行為。比如，往前走三步再退兩步，強迫性地洗手，以及家裡的東西如凳子等，都有固定的擺放位置。這些行為都不帶感情色彩，所以是情感隔離。

比如親人去世後，我們使用一整套哀傷的儀式，要按照程式一步步做完。通過這種儀式，我們會覺得跟自己的情感保持了距離，或者告慰了已經去世的親人，這樣我們就可以讓自己處在一種不那麼崩潰的狀態中。

比如，有的人跟水龍頭或地板的關係比和身邊人的關係還要好。這很可能是因為他跟身邊人的關係出了問題，便把注意力轉移到水龍頭或地板這些物品上。

有人跟有格子的地板關係好，是因為格子本身就沒有情感，它是機械地重複，方方正正的，沒有情感體驗。如果我們在情感支配下畫一些格子，它們就不會那麼規則，因為我們的情感是波動的。但是我們如果用直尺這種機械的工具來輔助畫一些格子，那麼這些格子就不會有情感，而跟這些格子的關係好，本身就是在掩飾情感體驗。

如果這個人跟別人的關係有改善，他有充分的體驗，他跟水龍頭或地板的關係就會鬆動，強迫症問題就會得到解決。

對他人憤怒，因難以體會他人之苦

奧運會上，劉翔跨欄比賽退賽。當時有很多人為他惋惜，並給他支持，但是也有少部分人對此非常憤怒。

如果從情感隔離的角度來說，當時對劉翔退賽表示憤怒的人、攻擊劉翔的人，實際上使用了情感隔離的防衛機制。隔離，就是你是你，跟我沒關係，我甚至都不會認為，你具有一個人所應該有的情感，所以我對你這種狀況感到憤怒。

也就是說，他們完全沒辦法體會劉翔在當時那種情況下的受挫、悲傷、痛苦，以及對自己的失望。如果他們知道，或者能夠體察到劉翔身上的巨大悲痛，他們可能就不會那樣攻擊劉翔了。所以從這個角度來說，這些憤怒的人隔離了對劉翔正常的情感。

情感隔離的反用

有一些場景可能會刺激我們，使我們隔離的情感浮現出來。

有一個相聲段子，一群人在吃飯，一個人點了肥腸，另一個人對他說，你知道肥腸是幹什麼的嗎？就是包裹大便的。實際上這是一件非常缺德的事情。

肥腸愛好者在吃肥腸的時候，僅僅考慮了肥腸的美味，而不會想到肥腸在端上桌子之前，它的功能是什麼。這就是情感隔離，肥腸愛好者隔離了對肥腸包裹大便的厭惡。但是這時候旁邊有人說，肥腸曾經是用來裝大便的，就打破了他們的情感隔離，讓他們沒辦法再繼續吃肥腸了。

一個人為了控制自己的食欲，讓自己不吃那些自己想吃的東西，就想了一個方法。比如他很愛吃沙蝦，每次看到沙蝦的時候，他就把沙蝦翻過來看它的肚子。他覺得沙蝦的肚子看起來像蟑螂，這樣一想，他就不再想吃沙蝦了。

很多他想吃的東西，他都會去做這樣的聯想。這是一種和情感隔離完全相反的狀態，是有意刺激自己糟糕的情感體驗。

我曾經看到過一張很有意思的圖片：一幢房子，一樓有兩個門面，一個門面是某某骨頭湯餐館，隔壁的門面是某某骨科醫院。當我們看到骨頭湯餐館的時候，我們可能有食欲想去吃，但是看到旁邊有骨科醫院的時候，我們吃的欲望就減少了，這會刺激我們糟糕的情感體驗，讓我們有很多糟糕的聯想。如果它們中間隔著很多個門面，我們去吃骨頭湯可能就沒問題。

我們討論的防衛機制，不是我們知道之後主動使用的，而是我們一直都在使用，但是我們一直不知道的。所以，從專業角度來說，我們需要把一個人潛意識使用的防衛機制意識化，讓他知道自己在幹什麼，從而為他提供一個使用更加成熟的防衛機制的機會。

隔離的往往是
抑鬱、恐懼、焦慮的脆弱感受

所有的情感都分為兩部分：一部分是一種體驗或感受，這種感受多半是不舒服的，另一部分是對這種感受的看法。情感必須包含這兩個部分，否則就不是完整的。

情感隔離，隔離的往往就是抑鬱的情感、恐懼的情感、焦慮的情感，總體來說是痛苦的情感體驗。

抑鬱的感受部分是糟糕的事情，糟糕的、不舒服的體驗，認知的部分是糟糕的事情已經發生。有些人的認知部分是缺失的，他們只知道自己狀態不好，但是沒有認識到糟糕的事情已經發生；而有些人的感受體驗是缺失的，他們只有認知，即糟糕的事情已經發生，這就是典型的情感隔離狀態。

心理治療的目標，就是讓這些人對情感有更整體的感覺，既知道自己處在糟糕的感受中，又知道糟糕的事情已經發生。這樣，他們對自己的抑鬱就會有比較均衡的理解。

恐懼的情感體驗，比如我看到一條大狼狗向我衝來，我有了糟糕的體驗，相應的認知就是糟糕的事情正在發生，它正在撲向我。

焦慮，也是一種難受的情感體驗，認知部分就是糟糕的事情即將發生。所以我們一般會在焦慮前加一個詞「預期」，稱為「預期焦慮」。

需要區別的是，現在正在面臨死亡威脅，這種情感體驗為「恐懼」；幾十年之後可能會死亡，這種情感體驗為「死亡焦慮」，兩者在時間上是不一樣的。

第 3 章

親子關係的情感隔離

醫師這樣說

- 這個世界上最重要的學習是人與人之間的學習。
- 任何競爭到最後都是人格層面的競爭。

你和孩子之間的情感無法溝通

只談學習不談愛恨情仇是愚蠢的

也許，最大的情感隔離發生在父母跟孩子之間。很多父母跟孩子之間的情感非常隔離，他們沒辦法跟孩子分享愛恨情仇，經常只跟孩子談學習。

在一些家庭裡，孩子未成年的時候，父母把學習看作是孩子最重要的，甚至是唯一的事情。我們不妨體會一下，父母在跟孩子討論學習的時候，他們作為父親或者母親角色的情感體驗被掩蓋了，扮演的是老師甚至是監工的角色，而孩子也感受不到父母對自己的愛。嚴重的情況是，父母通過學習來虐待孩子，比如讓孩子在很長時間內只做一件事情——學習，這也是很多孩子厭學的原因之一。

孩子學習成績不好，原因多半是他們跟學習之間沒有情感連接。因為他們是被逼著學習的，所以他們很難表現出對學習的熱愛，或者跟學習之間的感情，他們往往認為自己在替別人做一件對別人的未來非常重要的事情。

從人性的角度來看，如果我們做事情的時候覺得是在替別人做，動力就會非常小，甚至為負數。為什麼動力還能為負數？意思就是，這件事情也許本來是我願意做的，現在我卻變得不喜歡做，甚至變得仇恨做這件事情。

所以，父母只跟孩子談學習，逼著孩子學習，實際上是做了一件非常愚蠢的事情，把孩子天然的學習動力，變成了被強迫。

學習隔離了情感，就成了虐待

學習本身是一件充滿樂趣的事情，同時學習也是一件有挑戰的事情。如果父母能夠與孩子的情感連接在一起，接受這樣的挑戰，孩子在做這件事情的時候就能感覺到充沛的情感支持。但是如果學習隔離了父母跟孩子之間的情感交流，甚至成了父母虐待孩子的工具，孩子與學習的關係就會受到極大的破壞。

舉個例子，孩子做數學題時，很多父母是這樣做的——讓自己不要發出任何聲音，也不看電視，在家裡走路都是走的「貓步」。而一說到跟學習有關的事情時，臉上的表情就變得嚴肅，對孩子進行威脅，比如「你如果學習成績不好的話，你以後可能就會在街上掃地，吃得比別人差，住得也比別人差，好多地方都不如別人」。

還有，孩子在學習上犯了錯誤時，父母可能會誇大，比如僅僅是某一次粗心犯的錯誤，被父母誇大成：「你從來都是如此粗心，你如此粗心，考試的時候怎麼辦？」這已經有催眠或者暗示的味道，使孩子以後在不會出現粗心犯錯誤的情況下，一想到父母對自己的暗示，就有可能做出一些粗心的事情來，比如讓自己的考試成績變得不理想。

功利教育，傷害孩子學習的主動性

圍繞孩子的學習成績，父母會製造很多獎勵和懲罰的措施。這種功利教育的本質是情感隔離。

我們在訓練小動物的時候會採取懲罰和獎勵的措施，這表示我們跟小動物之間沒有情感連接。但是，對高等生物——人來說，如果父母僅僅採取行為主義的獎勵和懲罰措施的話，實際上就是情感隔離，意思是「你不過跟小動物一樣」。

這種做法在父母跟孩子的關係中注入了功利的因素。也就是說，我愛你是有條件的，你必須成績好，我才愛你，否則，我不愛你。這是會極大傷害情感品質的做法。這跟功利主義或者勢利眼是差不多的。實際上，有太多的父母對孩子都非常勢利。

父母如此功利地對待孩子會影響孩子的人際交往，因為他看人也會非常功利或者勢利。情況嚴重的話，孩子以後會報復父母。比如父母慢慢衰老，不再像以前那麼強壯和健康的時候，孩子就會認為爸爸媽媽沒用了，「就像我當年考試的時候，考得不好被認為沒用一樣」。這可以被認為是一種潛意識的報復，不是孩子有意這樣做的。

難以取悅的父母，總對自己不滿意的孩子

孩子做一道數學題目的時候，面臨的是一個挑戰，因為數學題本身可能就有足夠的難度。

此時，父母錯誤的做法是：「你如果做不出來的話，我會認為你遇到『強敵』了，你就會知道自己多差。」甚至還會說：「你現在知道山外有山，天外有天了吧，你知道自己能力不怎麼樣了，沒必要驕傲了吧。」很多父母都會這樣「趁火打劫」。

還有，孩子取得了一定的成績，父母腦袋裡往往響著一個聲音「驕傲使人落後，謙虛使人進步」。於是，父母可能會主動放棄跟孩子一起享受快樂的機會。他們會在這個時候保持冷靜，往孩子身上潑冷水，孩子就會感到「讓我高興的事情不會讓父母高興」。孩子心裡就會有這樣一種潛意識：我永遠都不可能滿足父母對我的要求。於是，孩子就會慢慢地變成總是對自己不滿意的人。

很多成年人，他們已經遠離父母，甚至自己已為父母，卻還在「拼命」學習或者工作，永遠不滿足，為什麼？因為他們從來沒有滿足過他們的父母。這些人可能一輩子都處在無窮

無盡的忙碌中，而不知道自己在想辦法滿足誰。

無論怎樣努力，父母還是不滿意，這是非常痛苦的事情，生命可能也因此受到破壞。很多人就這樣白白地活了一輩子，永遠不能讓別人滿意，也永遠不能讓自己滿意。這種感覺和當初父母的情感隔離有關。

作為父母，如果永遠都不告訴孩子「我滿足了」，孩子就永遠不知道父母什麼時候能被滿足。父母給孩子加更多的砝碼，讓孩子像圍著磨盤轉的驢子一樣永無止境地學習、工作，然而驢子不知道它是不是可以滿足主人。

很多父母沒有把自己的感受表達出來，甚至是沒有感受的，因為他們情感隔離得太厲害，已經到了潛意識水準。既然他們沒有感覺到，就更沒有辦法表達。

延伸閱讀

不划算的假期

在假期裡，比如寒暑假、週末等，孩子必須要做的一件事情就是做作業，而且經常都需要完成一大堆作業。

我從小學一年級的假期開始，一直到高中畢業，每一個假期，都有做不完的作業，非常痛苦。我就想，老師需要多大的情感隔離，才會這樣破壞我在寒暑假和其他假期中的樂趣。如果他們能稍微體會，我在寒暑假應該好好玩的時候還牽掛作業沒做完，還經常熬夜的話，他們可能就不會做這樣有「施虐」色彩的事情。

我真的非常希望，我們的孩子以後能夠好好過假期，既然是放假就不應該有太多作業，有這麼多作業要做何必放假？

現在，假期作業少了。但我們發現，有不少孩子，尤其是高年級孩子，假期仍絲毫不敢鬆懈。如果整個社會競爭的模式不改的話，這個問題也沒辦法解決。這不是哪所學校、哪些老師的問題，而是競爭模式的問題。我們的競爭模式跟我們太情感隔離了。

學習和工作中為什麼常常事與願違

過分強調學習，潛意識是不想讓孩子學好

父母的情感隔離會破壞孩子的學習。父母意識層面越是強調學習的重要性，或者說在孩子學習上投入的關注度越多，表情越嚴肅，越把學習當回事，就越有可能表示父母想破壞孩子的學習，讓孩子學習成績不好。這就是所謂的「事與願違」。

有的父母非常重視孩子的學習，但是往往孩子的成績就是一塌糊塗。比如，父母非常注意孩子的數學，但是恰好孩子的數學成績不好。這可能是因為父母的潛意識裡傳遞的資訊是這樣的：你不要學好。

而父母之所以過度地強調學習，可能是因為要掩飾「我希望你學習成績不好，因為你學習成績好了，就會拋棄我」的真實想法。生活中事與願違的事情實在太多，而精神分析這門學問，會告訴我們為什麼會事與願違。

在跟孩子談論學習的時候，為什麼有的父母會如此情感隔離？

一般來說，作為父母，總是通過強調學習來情感隔離，原因主要有兩點：

第一，不希望孩子學得太好從而離開父母。如果父母的情感不隔離，讓孩子在學習的時候有很多情感支持，孩子就可能學得很好，孩子就會遠走高飛。這會讓父母體會到被拋棄的感覺。

第二，父母因為自己的人格發展得不太好，自我邊界不清晰，可能在潛意識層面已經跟孩子有融合性的關係，也就是「你就是我，我就是你」。父母為了防衛跟孩子的過度親密，而故意在自己和孩子之間擺上學習這件事情，讓自己站在權威的位置，不跟孩子有平等的連接，以便保護自己，不吞噬孩子，或者被孩子吞噬。

父母如果本身就和學習的關係不夠好，比如小時候壓制了自己玩的樂趣，憋著勁學習，那麼他們可能成績的確很好，但是他們和學習的關係卻不好，他們內心是仇恨學習的。在以後跟孩子的關係中，他們仇恨學習的部分就會投射給自己的孩子，而孩子會用一生展示父母對學習的仇恨。

我們看到的現象往往是，父母學習很好，也很有成就，但是孩子越來越墮落，越來越無奈。可以說，孩子跟學習的關係不好，很有可能是因為父母跟學習的關係從來就沒好過。孩子成績不好，展現的可能是父母對學習的仇視。

終於找到職業倦怠的原因

在孩子的學習或職業選擇上，有些父母想為孩子做主，幫助孩子決定他以後學什麼或從事什麼工作。我遇到過一些極端的例子，比如有好幾個人告訴我，他們高考的志願是爸爸媽媽填的，在拿到通知書之前，他們都不知道填報的是什麼專業。

這是高度的情感隔離，因為父母根本就不願意瞭解，孩子學什麼專業會快樂，以後從事什麼工作會快樂。他們隔離了孩子的情感體驗，而只是想「我覺得孩子以後學什麼比較好」。

這也是為什麼很多人容易產生職業倦怠感。職業不是他們選擇的，他們用對自己職業的仇恨來保持自己人格的完整性。也就是說，我如果從事一份別人給我選擇的職業，我就不是我了，所以我會產生職業倦怠，用這種感覺來保持跟這份職業的距離。

從關係的角度來說，孩子是用這種方式保持與父母的距離，因為不跟他們保持距離的話，孩子就會被吞噬，孩子就不是孩子了。

如果一個人十八、九歲的時候，還需要依賴父母為自己的專業做出選擇，表示他選擇的能力被削弱了。十八、九歲的時候，我們是可以戀愛的；二十幾歲的時候，法律規定就可以結婚。我們既然都可以選擇戀愛的對象，為什麼不可以選擇終身從事的職業？不能自己做選擇，就說明我們的人格在被削弱。

任何競爭都是人格層面的競爭

人格層面的學習，是最重要的學習

有人問：有沒有一種方式，既可以讓孩子在假期享受玩的樂趣，又可以學到一些東西，把學習的樂趣跟孩子本身的成長結合起來，同時又沒有情感隔離？

這可以輕鬆做到，比如在假期裡跟更多的人打交道，便可以學到很多東西。

我非常佩服的一位在心理治療界比較有成就的治療師，如果讓我女兒見一見這樣的人，我相信這對於她的學習和成長而言是有事半功倍作用的。

這個世界上最重要的學習是人與人之間的學習，尤其是人格層面的學習。學習別人怎樣為人處世、待人接物，學習別人怎樣對待情感或者事業，學習別人的氣魄，學習別人的寬容大度等等。

沒有人格墊底，知識無法生根

說到競爭，我們往往認為數理化這些知識或者技能越強，就越能在競爭中取得優勢。這是錯誤的想法，因為任何競爭到最後都是人格層面的競爭。

如果沒有完善的人格、健康的人格，首先我們不太容易掌握最高級別的技能，其次即使掌握了最高級別的技能，如果沒有健康的人格做支撐，我們最後還是會失敗。

人格與技藝

競爭是自我成長的重要方式之一，在競爭中我們可以極大地展現或者發揮自己的人格潛力，展示我們的技藝。比如在心理諮詢中我們會發現，越是人格健康的人，越有能力使自己的技藝發揮到極致，而人格有問題的人，很難學會高級別的技藝，而且很難在強大的壓力之下完美地展現自己。

更重要的也許是，如果人格有問題，我們就無法享受所取得的成就。

矛盾是親子關係的常態

是情感隔離還是更強大的狀態

如果從純粹的防衛角度來說，一個人使用情感隔離的時候，通常已經到了心理發育的較高階段，相對比較成熟。但是一個人格更加健康的人，會允許自己接觸自己的很多情感，也就是說他接觸自己的情感面會比較多。

比如，如果父母的人格已經發展到神經症水準，那麼他們在一些方面就會跟孩子有很好的情感交流，在另外一些方面跟孩子的情感交流又會不足。所以我們的任務就是，讓一個人對自己的情感體驗有更全面的覺察。

人的一生是情感的一生，我們的情感是多面的，有些情感甚至是矛盾的。比如我們對孩子又愛又恨，愛是因為他們的確可愛，跟我們有血緣關係，恨是因為孩子的長大意味著對我們的拋棄，孩子不再認為父母是世界上最重要的人。孩子會談戀愛，會認為另一個人更加重要；孩子會遠走高飛等等。這些都會讓一些父母覺得孩子的成長就是父母的敵人。當然，健康的人，應該能夠承受這些跟孩子的分離所導致的焦慮。

有人說，這個世界上所有的愛都是為了在一起，比如男女之愛，這樣的愛都是為了能夠長相廝守。但是父母對孩子的愛，應該是為了分離。簡單地說，父母對孩子的愛的品質越高，孩子的人格越健康，孩子就越能遠走高飛。很多人認為，這導致的直接結果是父母被拋棄。

如果父母不把孩子遠走高飛理解為一種拋棄，而是有利於孩子更好地發展，就表示父母已經處在非常高級別的人格發展層次，是很健康的。這不是情感隔離，這是對孩子成長的接納，是更有能力承受被孩子拋棄的焦慮，是更加強大的一種狀態。

希望孩子理解自己，不如多學相處之道

作為父母，我們更需要理解情感隔離，而不是期待孩子來理解我們，畢竟我們是成人，我們需要給孩子製造一個有情感的環境，而不是無情的環境。在我們跟孩子的互動過程中，在我們跟孩子情感交流的過程中，我們很好地表達與釋放，對發展孩子的完整人格大有益處。

如果知道父母對自己情感隔離，孩子能否在父母隔離的情況下發展好自己？這真的非常困難，畢竟父母是孩子成長中最重要的客體。孩子不是一生下來就懂精神分析的，他們不知

道父母是在隔離情感，他只知道在跟父母打交道的時候，他們在很多事情上對自己很冷漠。

從現實層面來講，孩子很難做到完全理解父母的情感隔離。所以，我們的著眼點應該放在，父母要學一些關於人與人之間交流的知識，關於育兒的知識。

在學習上，父母可能比孩子更焦慮，他們需要控制孩子。很多人對我說，他們讓父母內心平靜的辦法，就是坐在那裡裝模作樣地看書、學習，然後父母就安靜了。顯然，他們與父母的關係倒過來了。

父母與孩子之間應該是什麼樣的關係呢？應該是孩子有很多關於學習的焦慮，而父母從容不迫，這樣孩子在學習的時候就能有一個安靜的後方，孩子就能在前面衝鋒陷陣。不過，情況經常是，孩子只用了三分之一的精力來對付學習，用了三分之二的精力來對付父母的情緒。可以想見，這樣的孩子會怎樣應對學習的問題。

孩子有問題，父母先檢查自己

越是心理不健康的父母，越害怕孩子成長。孩子出現學習方面的問題，或者人際交流方面的問題，或者其他任何問題的時候，父母都需要保持警覺，並告訴自己：不是孩子的問題，而是我們的問題。

父母會在潛意識裡有很多衝突的資訊。比如，從意識層面來說——我希望你健康，希望你能夠獨立，希望你所有的事情都能夠自己處理好。但是潛意識層面完全相反——你如果學習好了，我就沒法說你了；你如果所有的事情都處理好了，我就插不上手了；等等。

這樣，父母的意識和潛意識傳遞的是矛盾的資訊，於是孩子就不清楚父母是希望自己有獨立的人格，還是希望自己依賴他們。

孩子的人格健全與否，關鍵在於孩子與父母之間的關係。

精神分析為人類做出的最偉大的貢獻就是，讓我們知道一個人的人格是怎樣在他早年與父母的關係中形成的，這種人格又怎樣構成他的命運，以及在多大程度上、在多長時間內，決定這個人的幸福和成就。

第 4 章

防衛之二：反向作用

醫師這樣說

- 如果誰對我過度客氣的話，我就會想這個人可能要在我背後搞鬼。
- 一個人追求的身外之物品質越高，往往表示他身內之物品質越低。
- 我們反感一樣東西，實際是沒有辦法言說的喜歡。反感和喜歡的本質是一樣的，都能夠刺激一個人足夠豐富的感覺。

行為和想法總是相反

反向作用，意思就是一個人的情感體驗和相應的行為是相反的。

比如，我明明喜歡一個人，但我害怕自己知道「我喜歡他」，於是就採取攻擊他的方式，這種現象在青少年中尤其明顯。一個處在青春期的男孩，明明喜歡一個女孩，但是他表現出來的不是對這個女孩說「我愛你」，而是通過攻擊這個女孩的方式，來表達自己內心對這個女孩愛的情感。

心理動力學對這種行為的解釋是：男孩心裡的確喜歡這個女孩，但是他不敢承認自己喜歡她，所以他就用攻擊——這種看似是仇恨的方式，表達與他內心的體驗完全相反的情感體驗。

心口不一的原因

反向作用是因為一個人沒辦法感受到自己的情感，或者即使感受到了自己的情感，卻沒辦法正確表達，表達的是完全相反的狀態。

所以，針對使用反向作用的人，治療師會不斷地面質或者解釋被他掩飾的情感，或者說被他扭轉的原來的那些情感。

反向作用的意識層面和潛意識層面

反向作用可以分成意識層面的和潛意識層面的。有意地口是心非，然後獲得一些現實利益，欺騙一下別人，這種情況不在我們的討論之列。我們關注的主要是，自己都不知道的口是心非。也就是說，我們這裡主要討論的是潛意識層面的反向作用，即一個人內心有一種真實的感受，但不敢面對它或者說不願意面對它，他表現出來的是跟內心的感受完全相反的。

比如，一個男人有意識地對妻子好，就不屬於潛意識層面的反向作用。而一個男人不自覺地這樣做，說明潛意識支配他這樣做。如果一個男人回家後會不自覺地對妻子好，有可能是他在外面做了對不起妻子的事情，或者他有事相求。

西格蒙德．佛洛德（Sigmund Freud）說過，越是被禁忌的東西，越可能是被需要的。我們有意地壓制某些東西，有可能就是反向作用。而我們有意地提倡某些東西，可能恰好證明人性中有相反的東西存在。比如，我們提倡大公無私，而人內心卻有很多私欲。

什麼樣的社會文化大環境中，使用反向作用防衛機制的「偽君子」會比較少？

一個社會的價值觀越多元化，越能夠允許不同的聲音或者行為存在（當然要以遵守法律為前提），那麼我們就越不需要裝模作樣，不需要過多地掩飾內心的想法。因為我們對自己的觀點或者感情的不接納有相當一部分是受社會環境影響的。

在不同的文化中，能被接納的情感表達或者行為準則是不一樣的。而一個更有利於個體生存的社會，它的接納度應該是更高的。

從相反的方向釋放

誇張的表達

一個人表達的東西，如果超過了正常的尺度，一定是在掩飾跟他所表達的內容相反的東西。這幾乎是一個定律。

不管是從語言層面還是從行為層面，有些人會誇張地表達他們對父母的愛、關照等，實際上是他們內心有很多針對父母的憤怒。他們是用表面對父母的好，來掩蓋內心對父母的仇恨。

從道德角度來說，這是一種非常虛偽的狀態，但是因為他們不是有意這樣做的，所以不能用道德標準來評判。

有的人沒有辦法承受對父母既有愛又有恨的矛盾情感，就會把負性的、壞的情感體驗，經過改裝之後加到好的情感體驗中，這樣我們能夠感受到的就是他對父母過度的愛。

強調某件事

有些時候，一個人越強調或者過度宣揚的，就越有可能是他內心所缺乏的。比如，有的人用奢侈的消費來證明自己的地位，事實上是為了掩蓋他內心的自卑。對身外之物追求的品質越高，往往表示他身內之物的品質越低。也就是說，他是用奢侈品來進行補償。如果一個男人在外面做了對不起妻子的事情，他回家之後往往會不自覺地對妻子好。這樣做也是對妻子進行補償。

處理不被接受的慾望和衝動

潔癖，很可能是喜歡髒東西

潔癖，表面上看來是過分愛清潔和排斥髒東西，但是潛意識層面是喜歡髒東西。也許有人會覺得不可思議，一個人怎麼可能喜歡髒東西？

要回答這個問題，有一個訣竅：回歸對嬰兒的觀察和理解。如果一個嬰兒大小便了，父母不去管他，他可能會玩他的大小便，甚至嘗嘗自己的大小便。這說明了人性更深層的內容——我們與髒東西是可以和平共處的。

但是如果碰到有強迫傾向的父母，他們就可能會過於嚴厲地制止孩子跟大小便接觸。當孩子認同父母這樣的狀態後，就會顯得過度地愛清潔和排斥髒東西。這是典型的反向作用。

過度正向，隱藏的是敵意

工作中反向作用的例子也有很多。

比如，一個職員對老闆過度尊敬，可能是反向作用。他內心可能對老闆非常反感，他害怕自己的反感冒出來，給自己造成一些現實的麻煩，所以他用過度尊敬的方式對待老闆。

我也是一個小機構的老闆，我幾乎有一種本能的感受：如果誰過度地對我客氣，我會想這個人可能會在我背後搞鬼，或者他用過度客氣隱藏對我的敵意。

工作中還有一種典型的反向作用：一個人在工作中過度負責任，很可能是為了掩蓋自己不負責任的形象。這樣的人可能長時間不犯錯誤，但是一旦犯錯誤，就可能是很大的錯誤。這個很大的錯誤實際上是他潛意識裡不負責任的一次性表達，即他把很多小的不負責任打成包，然後一次輸出，結果導致巨大的責任上的災難。

父母的責罵，也許是無法言說的愛

父母對孩子的責罵、憤怒或者毆打，實際上是在掩飾對孩子的愛。

父母擔心這種愛會導致自己和孩子之間的邊界喪失，所以用憤怒來保持跟孩子的距離。

如果把這種現象濃縮成一句話就是，很多相反的東西，它們實際上都是同一回事，也可以說是異體同質，即表現不一樣，本質是相同的。

過度表達的愛，實際上是在掩飾仇恨。憤怒，實際上是在掩飾自己與他人的親密，或者說，憤怒是一種沒辦法言說的愛。

自大背後是自卑，自卑背後是自大

一個人表現得非常自大，實際上可能是對他內心非常自卑的掩飾。同樣，一個人表現得非常自卑，實際上可能是在掩飾內心的自大。如果一個人內心不是如此自大，他就不需要如此多的自卑來掩飾。反過來也一樣，如果一個人內心不是非常自卑，他也不需要裝模作樣地表現得如此自大。

我曾經說過這樣一句話：也許你配不上或者說沒資格如此自卑。很多人聽到這句話後，自卑的感覺會稍微少一點，甚至會馬上做一個讓自己覺得挺立起來的動作。

這句話之所以有這種功效，原因就在於：我說「你配不上」這幾個字的時候，是針對「自卑」後面的「自大」說的，自大聽到後就會縮小一點，用來掩飾自大背後的自卑也就相應會縮小一點。

厭惡錢的人，骨子裡可能是最愛錢的

我們跟錢的關係，是這個世界上最重要的關係之一。這其中有很多與反向作用有關的防衛機制。比如那些一輩子都忙忙碌碌卻沒有錢的人，口口聲聲說「我不愛錢，錢太髒，錢太多對我來說沒有太大用途」，實際上這是反向作用。他們內心其實有強烈的對金錢或者物質的渴望，但是他們的人格不足以讓他們有效率地工作，並且賺到足夠滿足他們物質和精神需要的金錢。

對錢特別厭惡的那些人，他們骨子裡可能是最愛錢的。反過來也一樣，一個人如果把全部的情感和經歷都投入到賺錢上，有可能他需要的不是錢，而是愛。他是用一些現實的、可衡量的東西，去換一些他真正需要的東西。這是一種補償，而這種補償永遠都不可能真正有效，因為他一直都不會明白自己真正想要的是什麼。

過度獨立，其實是依賴

一個人格不太獨立的人，會對自己的邊界被侵犯過度敏感。你的簡單建議或者說沒有侵犯他個人邊界的行為，可能就會被認為冒犯了他的邊界。

比如青春期的孩子，可能會處在一種假性獨立的狀態。如果我們給他們什麼建議的話，他們會堅決拒絕。這是因為他們的人格還沒有足夠獨立，稍微被侵犯就可能讓他們人格崩潰。這時他們就表現出過度獨立的樣子，這實際上是反向作用。

這時候，他們的人格還處在比較脆弱的狀態，動不動就會說「你又侵犯了我的邊界，這件事情我要自己做主」。有一句話說「我的青春我做主，我的人生我做主」，實際上越這樣強調的人，其內心對他人會有更多的依賴。

真正獨立健康的人格是什麼樣的呢？大概是那種無可無不可的狀態。也就是說：你這樣也可以，那樣也可以，都不足以攻擊到我的獨立性和我的邊界，因為我的人格足夠強大。

不過，這是非常理想化的一種狀態。我不知道這個世界上有多少人能夠達到這種狀態。但是，不管怎麼樣，這是我們努力的方向。

表面抨擊性，實則嚮往性

反向作用在兩性關係中，有很多有意思的現象。

有些人內心有很多與性相關的想法，但是他們把自己包裝成對性完全不感興趣，不允許談論性，甚至聽到別人談論，他們會強烈地譴責，一副道貌岸然的樣子。

有一次我讀一本書，那本書的內容非常棒，但是作者在後記中說了一件完全跟這本書的內容不相干的事情。他用非常嚴厲和激烈的口氣反對與攻擊婚外戀，認為這是這個社會最墮落的事情，這種事情怎麼能夠做得出來，怎麼可以如此對自己的丈夫或者妻子不忠。

看得出來，通過對婚外戀現象的抨擊，他在表達非常強烈的情緒。但是，以一個心理治療師的眼光，我同樣看到了他對與妻子之外的女人發生性關係的強烈願望。

或者這樣說：他對性掩飾得越強烈，表示他的內心對性的需要越高。這是典型的反向作用。我們越是反對的東西，越有可能是我們需要的。

如此反感，只因如此熱愛

有個朋友特別不喜歡別人戴黃金首飾，自己身上也沒有任何黃金做的東西。但是她經常去銀行看金條。這種對黃金的喜好，不僅是喜歡，而且喜歡的程度還比較重。

我們反感一樣東西，實際上是沒有辦法言說的喜歡。

我們反感，往往表示有感覺。喜歡和反感都是一種有感覺。如果從數學的絕對值來說，有多反感就會有多喜歡，兩者是完全相同的。

每個人都有這樣的經歷，我們曾經非常反感的東西，也許後來變得非常喜歡。這證明，反感和喜歡的本質是一樣的，都能夠刺激我們足夠豐富的感覺。如果你對某人、某事、某物沒有感覺，那自然也就不會反感。

第 5 章

社會現象中的反向作用

醫師這樣說

- 孩子的快樂應該是他自己的事情，如果變成父母的要求，會使快樂變得非常糟糕。
- 大規模出現的反向作用是把很多問題道德化。

反向作用
可能帶來阻礙

孩子的快樂變得糟糕

在孩子的教育上，經常有人說「我要培養孩子的獨立人格」，但是獨立人格從來都不是培養出來的，是自然生長的。

一般情況下，只要我們不干預孩子的成長，在「老天」的安排之下，或者在自然規律的運作之下，孩子的人格會自然而然地變得很獨立。但是如果我們人為地去做一些貌似可以讓孩子更加有獨立人格的事情的話，可能會干擾自然進程，讓孩子越來越不獨立。

很多父母為了顯得對孩子沒有太多的控制，他們會說「我對孩子只有一個要求，就是他要快樂」。我們仔細體會一下這句話，孩子的快樂應該是他自己的事，現在卻變成了父母的要求。

如果我們被要求快樂，會使快樂變得非常糟糕。比如，一個男人結婚當天晚上入洞房，他父母說，「我們對你沒有任何要求，只要你今天晚上快樂就可以」。不難想像，這個男人的快樂會打多少折扣。當然，這是非常極端的例子。同樣，在孩子成長和學習的過程中，快樂自然會伴隨，不能變成父母對孩子的要求。凡是這樣要求的人，都是在敗興，都是反向作用。

要求孩子快樂本身就是反向作用。父母內心體會到的是，孩子在沒有我協助的情況下，在跟我沒關係的情況下，竟然可以快樂。這會讓父母覺得被孩子嚴重地拋棄了。所以，父母會把孩子的快樂跟他們的要求綁在一起，表面看起來他們是要放手、不控制，實際上他們內心還是希望控制孩子。

孩子缺乏能力

我們碰到過這樣兩種不同類型的父母。一種是直升機型父母，當孩子有困難的時候，他們會空降過來，解救孩子出困境。比直升機型父母更厲害的是割草機型父母，他們直接站在孩子的前面，像割草一樣把孩子前行路上所有的雜草全都去除，讓孩子走得非常順利。

父母想給孩子掃清路障，把所有雜草全都去除，這可能在他們內心也有一些反向作用。這可能是在用過度的愛，表達對孩子過度的恨。這相當於把孩子自己割草的能力全都殺死了。孩子如果缺乏某種能力，我們可以肯定地說，是父母不希望他有這種能力。比如孩子在結婚前都還不會做飯，這表示父母就沒讓他做過飯。

一個孩子如果缺乏基本的交際能力，有可能是父母潛意識裡認為「你如果跟別人玩得太好的話，就會拋棄我們。所以，我們不會讓你具備和別人打交道的能力」。很多人對我說過，他們小時候的所有生活就是學習，別的孩子在外面一起玩的時候，他們在家裡學習，進入社會後，就缺乏最起碼的跟人打交道的能力。

夫妻總是吵架

夫妻之間反向作用的例子很多，在此我更願意說說夫妻總是吵架這種情況。

夫妻之間會有很多衝突，實際上是因為彼此非常需要對方。他們害怕過度緊密而導致兩個人的邊界喪失，於是通過衝突來維持一種基本的、讓每個人都感到自己是獨立的人的邊界。

有朋友曾經問我，反過來說的話，有些夫妻無意識地黏得非常厲害，如果這是一種反向作用的話，他們在別人面前表現得越親密、越和諧，是否他們內心越想要掩蓋對另一半的不滿之類的負向情感體驗？

這個問題我沒有回答，因為涉及我們做精神分析的一個基本原則——盡量不分析美好。因為他們呈現的是美好，如果我們進行分析可能會破壞他們之間的美好。

我們只分析糟糕的東西。因為分析是有解構作用的，就是改變事情原來的結構，不好的事情被我們分析之後，它可能會變得好一點。而如果是已經很美好的事情，我們就不分析它了。

過度強調自由

有人問我：「如果你和你女兒做比較，你覺得你們誰可能更自由一點？」我說：「當然我更自由點。為什麼呢？我現在除了被工作『虐待』之外，我沒有被作業『虐待』。而且我現在做的工作往往是拍攝，也就是把精神分析的課程網路化，我很願意做這件事，我也能騰出更多的時間來享受生活，而不是被生活或者工作『虐待』」。

我們在過度強調擁有自由的時候，往往是內心沒有太多的自由。可以說，我們可能本來是自由的，在我們強調自由的時候，不是對自由狀態說的，而是對自我限定說的。

把很多問題道德化

一個大規模出現的反向作用的例子是把很多問題道德化。

有些事情跟一個人的能力、眼界、人格發展的狀態有關，如果這些事情都被道德化，實際上就是反向作用。也就是，把很多問題道德化的人，他們內心其實有很多想衝破道德邊界的願望。他們看不到這一點，所以就過度鉗制，通過把自己置於道德的最高平台上，把很多東西都綁上道德規則，用這種方式來享受道德上的優越感，而他們潛意識層面卻有很多想要突破的東西。

口口聲聲堅持原則

涉及原則，也有一系列的反向作用。那種口口聲聲要堅持原則的人，實際上他們內心有強烈的破壞原則的衝動。而那些不把原則掛在嘴邊的人，如果我們跟他們打交道的話，反而會發現他們是真正有底線的人。

過度追求公平

有些人過度追求公平，是因為他們沒有在不規則的、不公平的環境中獲得利益。如果他們是在不公平的環境中獲利的那一方，就不會那麼過度地追求公平。

一個人擁有成熟的人格，首先應該相信這個世界上本來就是不公平的。過度追求公平，實際上是想自己成為在不公平的規則中獲利的那一方。這也是典型的反向作用。

很多孩子很小的時候追求快樂原則，他們要求自己獲得遠遠高於其他孩子的優越性，到了青春期，這些孩子可能又會過度地要求公平，這實際上是對小時候要求自己所有方面都比別人優越的反向作用。

強烈地想要改變他人或自己

反向作用有可能是我們內心深處的陰暗面，有些人不願意面對。治療師在和這樣的來訪者面質時，會遇到這樣的情形：來訪者沒有意識到自己有反向作用，和他們面質，他們還是沒有辦法面對。

這時候，我們通常應該採用什麼樣的方式來　明他們去做更深入的瞭解？除了做一些努力，還可以等待。

我有一個學生，在面對這種情況時，提了一個原則：努力，努力，努力，算了。也就是說，在我們盡了最大的努力後，剩下的就是等待。

我們有義務讓來訪者明白他有阻抗，但是如果他的阻抗太大，也有他的道理，這是需要被尊重的。改變一個人是我們的理想狀態，如果這個人不改變的話，那麼我們就選擇接納。也許，接納能夠讓他做出更大的改變。

治療師如果過度用力地改變來訪者，看起來好像是為來訪者好，但是實際上可能是為了滿足自己的自戀。因為來訪者的不改變，會讓治療師的自戀受傷。這也是一種反向作用。

我們在臨床中看到很多這樣的來訪者，他們強烈要求改變自己，甚至到脫胎換骨的程度。如果我們給他們做諮詢做治療的時候，發現他們對抗改變的力量非常強大，那麼我們就可以認為，他們過度要求改變自己本身就是反向作用。嚴重的時候，過度地要求自己改變，實際上是對自己施虐。

過分徵求他人意見或特別有主見

一些人經常就各種各樣的問題尋求周圍人的意見和想法。他們認為自己是在徵求所有人的意見和想法，其實他們是完全按照自己設定好的方式來做的。這也是反向作用。

在生活中，我們同樣也會看到很多這樣的人，他們顯得特別有主見，任何人的意見都聽不進去。這些人的人格實際上非常弱小，他們在人格層面往往是沒有主見的，所以他們用顯得很有主見的方式來保護脆弱的自我。

而那種處於無可無不可狀態的人，好像別人隨便說什麼都是可以的，他們往往都有非常強大的人格。

延伸閱讀

內心強大與反向作用的程度成反比

有些人反向作用的程度到了必須要恨一群人，才能顯得自己更愛這群人。這種程度可以製造很多國家與國家之間、文化與文化之間，或民族與民族之間的衝突。我們如果能夠更好地理解這種狀態的話，世界的衝突可能就要少一些。我們都嚮往世界和平，但是僅僅嚮往是沒有用的，我們還要具備有能力推進世界和平的人格特徵。這個世界如果都是由不那麼反向作用、不那麼虛偽的人組成，衝突就會少很多。

反向作用和一個人內心是否足夠強大有非常大的關係。因為一個人如果內心，或者說人格足夠強大，就能夠承受很多東西。比如，一個順利度過了青春期的男孩，他能夠面對自己對女孩的喜歡，而一個不能很好地面對或接受自己願望的男孩，可能就會用反向作用的方式來攻擊喜歡的女孩。換句話說，內心強大與否和自己能不能接受完全不同的、原來不認識的自己有關。

瞭解你不知道的自己

反向作用是一種很好玩的防衛機制，有時候用來分析一下自己，也可以起到一些娛樂效果。當然，分析自己，更多的是為了更好地看清自己。

有些朋友對我說，很多人都說我的好話，好像沒聽到過有人說我的壞話。這個回饋讓我大吃一驚，因為如果這是事實的話，就是典型的反向作用。也就是，我的人格已經弱小到了不能夠忍受任何人說我一句壞話的程度。別人不說我壞話，表面上表示我人際關係很好，但是實際上，可能是我在持續地使用反向作用的方式，來掩蓋我對他人的敵意。

此外，我和我的一個男性朋友已經有二、三十年的工作關係。有一次，他喝了酒後對我拍了下桌子，他說我，「我跟你打交道這麼長時間，經常跟你發生爭論，但是沒有贏過你一回」。

這給人的第一感覺是，我非常強大，以至於我從來都不會輸。但是第二感覺就完全變成一種反向作用，即我的人格已經弱小到不能忍受哪怕一次在酒桌上的爭論。而這種小的事情我都讓自己取得決定性的或者全面的勝利，表示我的人格沒辦法承受任何一點點失敗。這種覺察讓我覺得有點痛苦。

互為表裡，相互成長

有時候，父母人際關係非常好，但是孩子人際關係不好，我覺得很可能是反向作用，因為孩子可能代表父母實施對他人的攻擊。比如，父母跟孩子在一起的時候，孩子看見父母對別人很客氣，但是孩子可能感覺到父母潛意識裡對別人的敵意，然後就代表父母攻擊別人。

家庭中，很多時候，孩子或者父母會代表另一方，去做一些他們沒有講出來的潛意識裡的事情。

父母與孩子互為表裡，也就是說，孩子的言行有可能完全是父母潛意識的直接呈現。孩子代表父母表達攻擊性，孩子代表父母墮落，孩子代表父母無能，或者孩子代表父母生各種各樣的病，可能是身體方面的疾病，也可能是身心疾病，還有就是抑鬱症、強迫症、神經症，或者人格障礙之類的疾病。

精神分析的某些觀點乍一聽，有點胡說八道，絕對荒唐的感覺，但是精神分析是一門「外語」，就像如果你沒有學過英語，別人跟你說英語，對你來說沒有意義一樣。要理解孩子代替父母呈現潛意識，不懂精神分析是不行的，會被認為是胡說八道，甚至完全沒有意義。

「瀟灑」的我，特別重視學習的女兒

在孩子的學習問題上，可以把反向作用當作技能使用。家長如果不當回事，孩子很可能就當回事了。

我女兒小學一二年級的時候，語文聽寫拿了滿分，我裝模作樣地板著臉對她說：「不准考一百分，不准考一百分，考八、九十分就可以了。」這是使用了反向作用。然後，她經常為自己學習的事情來訓我：「爸爸你知不知道學習很重要，這關係到以後找工作，以後……」這就叫人際關係之間的反向作用。

我貌似瀟灑，實際上內心是很緊張女兒的學習的，而女兒成了特別把學習當回事的人。

理解別人的言行

反向作用給了我們覺察自己和他人很好的機會，讓我們明白，不要僅憑一個人的言語和行動去評判他，因為這背後可能有很多更深層的原因。

總的來說，與其說語言和行為是用來表達什麼的，倒不如說是用來掩蓋什麼的。精神分析這門學問，恰恰就是研究一個人怎樣掩蓋真實的自己。

有一次，我和我女兒就反向作用進行切磋。最後，我對她說了一句「I'm sorry」。女兒問我：「你剛才為什麼不說『對不起』要說『I'm sorry』，為什麼要說英文？」

當時我的確是有內疚感，對女兒使用了那麼猛烈的精神分析技術，我覺得對她是一種攻擊，我想通過說對不起來緩解一下自己的內疚感。但是那一瞬間，直接面對強大的內疚感，我好像有點承受不住，所以使用了一門我不熟悉的語言，或者說不是母語的語言來表達。這是一種伴隨著情感隔離的反向作用。

很多人說自己沒有什麼的時候，往往就是有什麼；很多人說自己是什麼的時候，他們潛意識裡實際上在跟我們說，「你別相信我，我剛才說的是假話」。需要強調的是，這不是他們意識層面的，而是他們潛意識層面的，通俗來說就是「不自覺」地做一件事情。

從這一點上來說，精神分析就是讓所有的不自覺變成自覺，讓我們不能夠覺察的東西變成可以覺察的東西，讓我們的潛意識意識化。

反向作用可以擴展我們對自己、對生活、對他人的覺察，提高我們的生活品質。因為我們活著的一輩子，就是覺察的範圍不斷加大、程度不斷加深的變化過程，我們覺察的範圍越大，覺察的內容越清晰，我們的生活品質就越高。

第 6 章

防衛機制之三：投射

醫師這樣說

・一個人的內心活動永遠都會輸出。

・判斷投射的絕招 —— 一個人心裡有什麼，他就會對別人身上同樣的東西敏感，他對此就有比較高的鑒賞力。

你與世界的關係，
就是你與自己的關係

投射也許是我們最先使用的防衛機制

投射，也許是一個人一生中最先使用的防衛機制，是指將自己身上的心理行為特徵轉移到他人身上的現象。

在嬰兒跟媽媽的關係中，如果媽媽把嬰兒照顧得很好，在他肚子餓的時候把乳房給他，讓他吃飽了，他的胃舒服了，他就會把這種舒服的感覺投射給媽媽，認為「我是好的，媽媽也是好的，媽媽的乳頭也是好的」。但是如果嬰兒沒有得到媽媽好的照顧，他的胃可能就不舒服，他就會認為「我是不好的，媽媽也是不好的，媽媽的乳頭也是不好的」。

嚴重的情況是，如果一個成年人有「我是好的，媽媽是不好的」這樣的感覺，就是反社會性人格障礙。患有反社會性人格障礙的人認為自己是好的，而整個社會中的其他人都是壞的，他們會不斷地用非常原始的防衛機制，即見諸行動來攻擊社會，攻擊他人，甚至觸犯法律，最後被送進監獄。

延伸閱讀

是人格障礙還是神經症？自知力是判斷標準

一個人的內心活動永遠都會輸出，心裡怎麼想，接著便會怎麼做，而怎麼做的行為是可以觀察到的。

從人格發展不好的成人身上，我們可以看到很多嬰兒般的行為，不過這時成人的內心是可以表達的。比如，我們訪談一個反社會性人格障礙的病人，他完全沒有內疚感、罪惡感，他認為自己做的所有錯事都不是自己的責任，自己的所有行為都應該由外界負責任，是「社會對我不好」。這是他可以對我們說出來的想法。

但是，一個人格發展到比較高水準的人，比如神經症水準的人，他可能會說：「我做這件事情，一方面是社會給了我必須做這樣的事情的壓力，另一方面是我自己本身也錯了。」這樣的人有一定程度的自我批評，並且可以用語言表達出來。

所有外境都是心境的投射

莊子曰：「鰷魚出遊從容，是魚之樂也。」莊子說鰷魚在水裡悠然自得地遊動，是魚兒的快樂。這很可能就是一種投射，就像惠子說的：「子非魚，安知魚之樂？」

一個人如果處於高興的狀態，他會覺得太陽都在對他笑，就算下雨也沒關係；一個人如果處在抑鬱的狀態，他會覺得天地陰沉沉的，山也在哭，地也在哭。我們常常說，因為外界的影響，比如下雨，所以心情不好，實際上不是這樣的，一個人如果心情好的話，下雨也可以給他增加歡樂。

可見，這個世界是什麼樣子的跟這個世界沒有關係，而跟我們內心是什麼樣子有關係。

蘇東坡和佛印的經典投射

相傳蘇東坡和佛印禪師一起打坐。打坐完，蘇東坡問佛印，你看我剛才打坐的姿勢像什麼？

佛印說蘇東坡像一尊佛，蘇東坡卻說佛印剛才打坐的時候，在他心中就是一堆牛糞。佛印聽後，只念了句「阿彌陀佛」。

回家後，蘇東坡向他的妹妹炫耀他今天跟佛印禪師交鋒，他占了上風。

他妹妹說，你今天輸得太慘了，佛印這樣的高僧，他全身心都是佛，所以他看什麼東西都是佛，而你全身心盡是什麼就不用說了。

實際上這樣一個讓無數人開悟的故事，只不過是在說投射而已，你看別人是什麼，就表示你自己是什麼。我們在笑過之後，應該反省反省，邊界就會清晰一些。

有個判斷投射的絕招，一個人心裡有什麼，他就會對別人身上同樣的東西敏感，他就有較高的鑒賞力。比如一個人可以隨時隨地發現別人小氣，於是我對他說「你對小氣有非常高的鑒賞力」，實際上等於說他一直在投射他的小氣。

自我中心，是投射的典型表現

自我中心，其實是投射。評價別人是自我中心，多少帶有一點道德評判的味道。當我們評價一個成年人「自我中心」的時候，相當於批評這個人比較自私。而精神分析在使用「自我中心」的時候，只是描述，沒有道德評判、道德捆綁。

我知道的，你也應該知道

有一個研究，把一個三四歲的男孩和一個15歲的男孩關在一個房間裡。15歲的大哥哥對三四歲的小弟弟說：「哥哥吃一個蘋果。」他吃了一半，把蘋果放在了一個籃子裡，然後對小弟弟說：「哥哥現在出去一下，等一下回來，我還會吃這個蘋果的。」

大哥哥出去後，工作人員進來，當著小弟弟的面把那個蘋果從第一個籃子裡移到了第二個籃子裡，然後問小弟弟：「你能不能猜一下，等一下大哥哥回來，他會在哪個籃子裡找自己的蘋果？」小弟弟說：「在第二個籃子裡。」

但是，事實上不是這樣的。因為大哥哥沒有看到蘋果從第一個籃子裡到了第二個籃子裡，所以他回來後應該在第一個籃子裡找。

小弟弟不清楚自己跟別人的邊界，他看到了蘋果從第一個籃子裡到第二個籃子裡，他投射性地認為，大哥哥也應該知道蘋果從第一個籃子裡到了第二個籃子裡。所以，他認為大哥哥回來後會在第二個籃子裡找他的蘋果。他認為自己知道的別人也應該知道。

我冷，你肯定也冷

3歲前的孩子處在一個自我中心階段，他們沒有換位思考的能力，他們不能理解白雪公主吃下毒蘋果的故事。他們知道那個蘋果是有毒的時候，就會覺得：你不要吃，你怎麼會吃呢，蘋果明明是有毒的啊。

一個孩子晚上做了個夢，夢裡有媽媽。第二天媽媽問他：「你昨天晚上做了什麼夢？」3歲前的孩子會覺得：「你怎麼會不知道，夢裡有你呀！」

精神分析認為這種自我中心是投射——我把我的感受加到另一個人身上。

生活中還有一種常見的自我中心，「我冷，你肯定也冷」。實際上，我冷是因為我發燒了，容易感覺到環境溫度的刺激，而我投射性地認為你也應該感到冷。

不愛吃肉的財主

據說，有一個財主家裡有很多長工，這個財主不喜歡吃肉，他家的長工犯了錯誤，他就罰他們吃肉。於是，他家的長工會經常、定期地犯一下錯誤，這樣就有肉吃。這是典型的自我中心的表現。他以為自己不喜歡吃肉，其他人也都不喜歡吃肉。

安全感與投射

你的內心是否安全

我們經常說的安全感，實際上跟投射有非常大的關係。

舉個例子，在同一個小組中，不同的人對這個小組的安全感的感覺是不一樣的。有的人會覺得這個小組非常安全，自己說任何話都沒有問題；有的人會覺得這個小組很不安全，自己說任何話都可能遭到攻擊，或者這些話被傳出去。不同的人會有完全不同的感受，是因為他們使用的投射不同。

佛洛德曾用一個單細胞生物來說明投射的防衛機制。一個單細胞生物已經具備一整套自我保護的方式，當外在危險攻擊這個單細胞生物的時候，它可以自動調動其所有的防衛體系來對抗。但是，如果危險存在於內部，就實在是太危險了，那麼這個單細胞生物會通過幻想，把內部的危險變成外部的攻擊，即把危險投射到外界，再折回來攻擊自己。

本來想攻擊別人，結果將自己變成被攻擊的物件，一個人的安全感就是這樣下降的。

如何提升內心的安全感

在前文的例子中，安全感較高的人，對環境，對小組沒有攻擊，對小組的其他人也沒有攻擊，所以認為其投射的小組成員也不會攻擊他們。可是，如何提升感覺不安全的人的安全感呢？讓安全感較低的人，發現原來是他想攻擊別人，而不是別人想攻擊他，能使他的安全感在非常短的時間內迅速上升。

比如，本來是我想攻擊別人，而我不願意承認我想攻擊別人，於是我不斷地想像他們會攻擊我。這是我對他們的攻擊的投射。我總想像他們會攻擊我，就會感到緊張和恐懼，這樣我就把對他們攻擊的潛意識意識化了。我覺察到原來是我想攻擊他們的時候，投射出去的攻擊就被收回來，我就不再有那些糟糕的情感體驗了。

邊界和投射

讓來訪者意識到邊界的重要性

我們作為治療師，在跟來訪者做治療的時候，如果來訪者投射我們的話，我們要盡早給他解釋清楚這一點。不然雙方的邊界就會不清晰，最後我們可能喪失給來訪者做治療的立場。

一個來訪者見到他的治療師後，馬上調侃地說：「醫生，你好像今天心情有點不好，最近是不是遇到什麼倒楣的事情了？」這實際上是對治療師的一種侵犯，任意猜測治療到底處在什麼狀態中。

治療師想了一下，對來訪者說：「實際上我今天心情不錯，最近也沒有遇到什麼倒楣的事情，有可能是你心情不好，所以你更希望我心情不好。」

我們不妨來體會一下來訪者此時的感覺——我本來想靠近你，跟你親熱一下，但是被你一記重拳推開，你這樣做是告訴我，「你的感受是你的感受，別把你的感受跟我的感受混淆，我要站在離你很遠的地方，這樣我才可以治療你。如果你總是把你的感受加到我身上，我們倆成了一個人，我就沒辦法治療你了」。

治療師的回應，雖然會讓來訪者在那一刻不舒服，卻是利於廓清界限的，不讓來訪者有太多的投射，以免使得兩人之間沒有邊界。每個人都可能在某些時候處於邊界不清的狀態，這時就需要一個邊界清楚的人告訴我們，「你和我邊界不清楚了」。

投射無處不在，我們投射之後，邊界就不清楚了，邊界不清是投射的結果。邊界不清楚、主客體分離得不好的人，更容易投射，把自己的感受加到別人身上。

膽小的父親有個膽小的兒子

一位父親告訴我：「我兒子非常膽小，我天天訓練他，但是他還是膽小，怎麼辦？曾老師你要幫我。」我問他：「你自己有沒有膽小的時候？」他說經常有。我讓他列舉了十條自己膽小的例子，他列舉之後我再問他：「你現在還覺得你兒子膽小嗎？」他說：「我感覺兒子膽小的程度大大降低了，為什麼？」

我說：「因為你一直都沒有看到自己的膽小，你把自己全部的膽小都投射給兒子。兒子有兩份膽小，一份是作為人都有的膽小，還有一份是爸爸不願意看到自己膽小，然後投射給他的。當你把自己的膽小部分收回來的時候，你看到兒子膽小的程度就降低了一半。你感受到，原來我如此害怕自己膽小，所以我看到兒子膽小並且攻擊他的時候，我就成了這個世界上最勇敢的人，而兒子成了這個世界上最怯懦的人。」

當這對父子平均分配膽小的總量時，或者說父親把自己膽小的部分收回來時，兒子膽小的程度自然就會降低，兩個人膽小的反差也就會降低，兒子變得不那麼膽小了。

當父親在承認自己膽小的時候，對這位父親有治療作用，同時也可以為兒子營造一個正常成長的環境——兒子不會再一天到晚被父親催眠「我是一個膽小的人，我是一個怯弱的人」。父親把自己的膽小提升到意識層面，他在陳述自己膽小的時候，就會自動地把投射給兒子的膽小收回來，兒子膽小的總量就會減少，膽小的程度就會降低。

抓一把數不清的黃豆讓鬼猜

有一個女人得了重病，她臨死之前跟老公說：「我死了之後，你不可以找別的女人，你如果找了別的女人，我會變成厲鬼來掐死你。」男人就說：「好，好，我不會，我答應你。」

結果女人去世之後沒多長時間，男人就找了另一個女人。一天晚上，女人變成厲鬼說：

「你說話不算話，我要把你掐死。」男人說：「我以後再也不幹這種事情了，你放心。」

但是後來他又幹了，他的鬼老婆又出現了，這讓他非常苦惱，就去找道士給他想想辦法。道士對他說：「這件事情很簡單嘛，在你老婆下一次出現的時候，你隨手從缸裡抓一把黃豆，讓她猜多少顆，如果猜不出來，就讓她走。」

男人真的這樣做了，當他的鬼老婆說要掐死他的時候，他隨手抓了一把黃豆問：「你如果能說出來這有多少顆黃豆，我就再也不跟別的女人在一起了；你如果說不出來，你就走。」然後他的鬼老婆「嗞」地一下不見了。

這個故事的關鍵是告訴我們：他是隨手抓的一把黃豆，他自己也不知道多少顆，所以他沒法投射出來一個准數，鬼老婆自然也不知道有多少顆，然後她就走了。如果是他數了20顆黃豆抓在手心裡，然後問鬼老婆：「你猜有多少顆？」那對方肯定說：「20顆！」

不過我還給這個故事寫了一個續集，就是他隨手抓了一把黃豆，然後問鬼老婆多少顆，鬼老婆說31顆，他一數，真的是31顆。那這個鬼就不是投射出來的了，是真鬼。當然，這是玩笑話了。

每個人都活在自己的世界裡

投射無處不在。在生活中，現實世界是什麼樣子，跟現實世界的真實性沒太大關係，每個人都是被自己投射的厚厚的世界包裹，所以這個世界的外面才是真正的世界。

比如，一個在地震中受了傷且喪失了親人的人，在沒有地震的地方，他仍會覺得不安全，因為他把自己經歷的那些災難性危險，投射給了安全的世界。很多來訪者走在安全的大街上，也會覺得有很多的攻擊。他們就算沿著牆角走，都會覺得周圍充滿了危險，因為他們把內心對環境的攻擊投射了出去。

而有些人，他們內心安全感非常好，以至於在「槍林彈雨」中都會覺得安全，這是因為他們內心可以向環境投射安全。有時候客觀上未必安全，就像客觀上未必不安全一樣。不管是不安全感還是安全感，投射過度都可能造成病理性狀態。

在一個真正危險的地方，一個人如果過度地投射自己的安全感，他就看不見那些危險的事實，可能就會真正威脅到他的安全。這實際上是一種自我功能不足的狀態，也就是現實檢驗不夠。

假如，某地出現了新冠肺炎疫情，政府說最近一段時間不要去那裡旅遊，但是有人無視政府的警告還是去旅遊了，差點被感染。這說明他們內心過於安全，投射的環境也過於安全，以致導致了這樣的危險，這是自我功能判斷的問題。

因此，一方面，我們要有能力把自己內心的安全感投射到環境中，使我們能夠與環境和諧相處；另一方面，在環境真正出現危險的時候，也應該能夠客觀地感覺到危險，以便採取保護自己的措施，這樣可能就比較和諧了。

客觀地感覺現實是一種自我功能，即判斷力、現實檢驗能力。這種能力跟投射是並行的。如果過度投射的話，就會降低現實檢驗能力，降低對現實生活中發生的事情的敏感度。也就是說，不管發生什麼，投射的都是一樣的內容。這顯然不是自我功能處於靈活應對外界變化的狀態，這種狀態可能會導致一些災難性的後果。

是過度投射導致現實檢驗心理功能下降，還是現實檢驗心理功能不足導致出現過度的投射？其實是同一回事，一個重點在防衛機制，另一個重點在現實檢驗，它們是並行的。投射恰當，能夠幫助一個人理解其他人；投射過度，則有可能會把自己的需求強加於人。

那麼，如何讓一個人有恰當的投射，而不是過度的投射？

簡單地說，就是做到清楚地分辨什麼是自己的邊界，什麼是別人的邊界。一個心理發展得足夠好的人，能夠判斷哪些東西是自己的，哪些東西是別人的。

第 7 章

人際關係中的投射

醫師這樣說

- 言語中帶有情緒，一般都是投射性地攻擊自己。
- 人是這樣一種生物，既喜歡孤獨，又喜歡群居。

以己度人始終是片面的

己所不欲勿施於人，有時是錯的

己所不欲勿施於人，一直被人們奉為道德準則，真的非常美好。但是我們不妨問一下：我不想要的東西，有沒有可能是別人想要的？而我想要的東西，有沒有可能是別人不想要的？這就可能是一種善意的投射。回到前文「不愛吃肉的財主」的例子，己所不欲勿施於人，可以說有時就是錯的。

一鍋生米和一鍋稀粥

邊界的建立和早年的養育有關，也跟文明、居住環境、經濟發展情況有關。比如，當大家都有一套自己的房子，有獨立的衛生間和廚房時，這些空間上的距離，自然會增加人與人之間的距離，減少投射。

多數西方人的自我邊界比較清晰。在西方國家生活，你會發現人與人之間的關係像一鍋生米，生米和生米之間的邊界是清楚的。而在我們國家，有時候人與人之間的邊界不那麼清楚，有點像一鍋稀粥。

恰好由於這個原因，我不願意在西方國家生活，因為我比較喜歡相互之間有很多投射的、邊界不那麼清楚的狀態。這種狀態的確會帶來一些問題，但其中會有很多照顧、很多溫暖，我覺得它帶來的好處要多於問題。

當然，我們不能因此認為西方人喜歡孤獨，我們喜歡群居。看待人性，只看人性的某一個方面永遠是不夠的，真正看到人性最深處的狀態時，我們會發現人是矛盾的。

一方面，我們希望有自己的自由，希望自己是獨立的個體，被尊重；另一方面，我們有群居的傾向，希望跟他人在一起。我們永遠都處在這種衝突中，說人喜歡孤獨，或是說人喜歡群居，都是片面的。人是這樣一種生物，既喜歡孤獨，又喜歡群居。這才是最深刻的認識。

談談戴首飾

我的一個朋友曾經對戴大金戒指的男人特別反感，覺得這樣的人很沒有品位。後來，她碰到一個她覺得很有品位的男人，但是有一點讓她很費解——他整天戴著一個很粗的金戒指。

後來他倆熟悉了，我朋友問他為什麼戴一個看起來很不協調的粗粗的金戒指。那個男人說，金戒指是他岳母在他結婚的時候給的，是保佑他的，他為了安慰和尊重老人家，給老人家安全感才戴著，其實他也覺得不好看。

我朋友突然覺得，原來自己對戴大金戒指的男人可能存在偏見了。

這可能是一種投射。

有一個女性朋友，說自己從來不戴任何首飾，就算買了首飾，戴上就會覺得不好看，於是都擱置了。原來在她小時候，她媽媽非常反感她所有的打扮，當然也包括戴首飾了。有一次，這個朋友塗了一點沒有顏色的透明指甲油，她媽媽就非常不高興，說不要繡花枕頭一樣的女兒。

這個朋友一直記得這句話，之後在打扮上就一直有內在衝突。比如塗口紅，她剛塗好，又立刻擦掉，尤其出門的時候必須擦掉，但她其實很想塗口紅；燙頭髮也是，很想燙頭髮，燙完不到一個星期，就又把它拉直。她總是怕媽媽責怪她。

在這個故事裡，朋友的媽媽是不喜歡妝飾的，媽媽把這種不喜歡投射給了女兒，女兒認同了。

也許朋友的媽媽是這樣想的：如果我用首飾吸引男人注意的話，男人就會忽略我。她投射性地認為，她戴了首飾之後，別人更在乎她的首飾。這是投射性的主次混淆。

現實不是這樣的，首飾只不過是首飾而已，它是我們的附加部分，它可以增加我們的魅力，但是不會替代我們。比如前文例子中戴大金戒指的男人，我們關注的是這個男人而不是他戴的首飾。在這個男人讓我們感覺足夠好的時候，哪怕他戴的是一個完全不值錢的東西，我們都不會認為他本身的價值被貶低了，他戴價值千萬元的鑽石戒指，我們也不會認為他本身的價值就升高了。

攻擊別人的背後是自我攻擊

厭惡孩子，其實是在厭惡自己

父母糾正孩子生活習慣的時候，通常有兩種方式。一種是教育孩子不帶任何情緒，比如直接告訴孩子吃飯的時候不可以發出聲音，沒有任何情緒。一種是教育孩子帶有情緒，比如很多父母在糾正孩子的一些小毛病時，是帶有厭惡情緒的，「你能不能不要像豬一樣，吃飯吧唧吧唧的」、「你做作業的時候，怎麼這麼不小心」。

言語中帶有情緒，一般都是投射性地攻擊自己。也就是說，如果我們自己有這樣的習慣，會覺得非常內疚，有屈辱感，看到孩子這樣做，我們會針對自己的屈辱感，或者說對自己的毛病實施攻擊。所以在糾正孩子的問題時，既有糾正的語言和行為，還有厭惡和排斥。

一個言語中帶有情緒的媽媽，也許不吧唧嘴，但是她會隱隱地感覺到，自己可能有其他令自己厭惡的生活習慣。她是用厭惡自己的方式使自己不吧唧嘴的，而不是從容不迫地遵守這個規則。她有很多自我攻擊，這些自我攻擊平常是看不到的，因為它們在潛意識層面。

那麼，在看到自己的孩子出現這種情況的時候，她就會糾正孩子的這個行為，同時，也把她內心的自我厭惡投射了出去。因為她的內心有對自己的厭惡，她把這種厭惡投射給孩子，之後又用指責性的語言來指向他人，指向孩子。

也就是，媽媽自我厭惡導致了對孩子的厭惡。所以媽媽在糾正孩子的毛病時，有厭惡、反感的情緒，而孩子會感到「原來媽媽不喜歡我」。實際上，這冤枉了媽媽，因為媽媽是不喜歡她自己。

不喜歡自己的某種行為，可以從早年的生活中找到原因。如果意識到這一點，就可以放鬆地處理這件事。比如，有的媽媽會這樣說，「孩子，我們倆比賽，看誰吃飯不發出聲音」。這就是一種非常輕鬆的狀態，她沒有自我厭惡。但是如果媽媽非常厭惡，她的面部表情和整個身體語言都會告訴孩子「你如果這樣做的話，就是一個低賤的人」。這就是自我厭惡的投射。

在日常生活中，我們時常會看到父母讚揚自己，「我從來沒有這樣做，我從來不會這樣做」。父母這樣說，實際上是在掩飾自己有可能在別的方面這樣做，或者說在糾正這個習慣的過程中充滿屈辱，曾經為這樣做付出過代價，甚至是失去尊嚴的代價。

多看看孩子的「客戶回饋表」

我們經常會遇到孩子這樣抱怨父母：「爸爸媽媽很凶，不喜歡我，或者對我很粗暴。」父母卻覺得沒有這回事。這可以理解為孩子對父母的投射。孩子的內心世界往往是父母造就的，孩子如果感覺到父母在攻擊他、父母不喜歡他的話，我們多半認為孩子的感覺是真的。

為什麼？就像我們去某一家餐館吃飯，服務品質的好壞不是由服務生說了算，而是由作為顧客的我們說了算。父母做得好不好，最有發言權的不是父母，而要做「客戶調查」，調查孩子是不是也認為父母足夠好。這時，來自孩子的回饋才是檢驗的標準。

實際上，做好父母也不是一件太難的事情，經常發發「客戶回饋表」，看看孩子對自己有什麼回饋，然後做出相應的改進。而且這樣做，可以保證永遠不會出錯。

打破投射：自己的歸自己，別人的歸別人

你悟出的道理本來就是你自己的

很多人說《易經》是一本包羅萬象、無所不知的書，我有很長的一段時間也對《易經》感興趣。我們是如何理解《易經》的呢？

「棋聖」吳清源說，他每天都讀《易經》，他從《易經》中悟出如何下棋。我對此的理解還是跟投射有關係。一個內心世界不太豐富，經歷比較少的人看《易經》，悟不出來豐富的內涵，因為他沒有辦法投射出那樣的內容。但是一個經歷非常豐富、內心也非常豐富的人，就可以把豐富的內心投射給《易經》，於是覺得《易經》告訴了他很多道理。

實際上，《易經》告訴他的那些道理，全都是他投射的結果。因此，如果有人說，《易經》無比豐富、無所不包，我會對他說：「不是《易經》多麼豐富，而是你自己的內心非常豐富，所以你才能從《易經》中看到非常豐富的東西。」從這個角度來理解，《易經》中的

語言使讀者有機會把自己內心豐富的情感投射出來。

《易經》用了兩種表達方式：一是把一些事情說得比較模糊，讓讀者有更多加工的可能性；二是把事情說得很確定，但是並不影響對其加工的可能性，因為它可以是象徵。如果某一個確定的事物是象徵的話，其可能性幾乎就是無窮無盡的。所以《易經》說什麼並不重要，我們怎麼解讀和投射它才是更重要的。

這就是為什麼同一本書，不同的人可以從中看到不同的東西。像吳清源這樣的高手，他跟某一個人討論棋藝，他投射和內化的內容是有限的，但是如果他對一本書進行投射和內化，那麼內容幾乎是無窮無盡的。

人們經常會說，自己從一本書中得到了什麼，但那並不是所有的人都能從這本書中得到的。這恰恰說明，我們從書中得到的其實是我們自己沒意識到的東西，是我們過去長期以來積累的智慧，是我們自己的，不是《易經》的。

延伸閱讀

羅夏墨蹟

很多心理測量就是投射測量，最著名的投射測量是羅夏墨蹟。它有很多左右對稱的圖形，你把它看成什麼都可以。人們從中看到的東西，可以呈現他們的內心世界。

越描越黑背後的原理：你是「黑」的

我跟我的兩個學員談話的時候，我發現其中的一個女學員A的狀態不太好。我對她說：「我覺得你現在狀態不太好，你最好看五十次心理醫生，可能會對你有很大的幫助。」我剛說完，A就說：「曾醫生，你剛才這樣說我很感動，我覺得這是你給我的一個特殊的禮物，我回去之後就找一個心理醫生。」

她的話音未落，坐在旁邊的另一個女學員B——在心理治療領域工作了十年以上的經驗豐富的治療師，突然生氣地對我說：「曾醫生，你怎麼可以說別人有病，而且勸別人去看心理醫生呢？」

我當時有點吃驚，我不知道為什麼自己突然遭受這樣的指責。然後，B馬上又對A說：「你一定要知道，曾醫生這樣跟你說是善意的，他不是罵你，不是對你不好。」A停頓了一下，回饋說：「剛才曾老師跟我說的那段話，我沒覺得不舒服，怎麼你跟我這樣說之後，我反而不舒服了呢？」

B繼續解釋：「我真的是想跟你說，曾老師不是故意的，他對你是善意的，是對你好，是說你這種狀況需要改善一下，他沒有惡意。」然後A斷然地反擊：「你越說我越不舒服了。」就這樣，A的反應讓B有點抑鬱了。

我對這件事情的解釋是這樣的：我對病人、疾病不排斥，而且我一直都認為我自己就是病人。如果誰說我不是病人，是對我的侮辱。我也覺得看心理醫生是一件值得「吹牛」的事情。我周圍有很多人，包括我的親人，他們也看心理醫生。我覺得，如果有人說「我在找某一個人做治療」，是一件值得自豪的事情。所以我在這方面是「乾淨」的，我內心沒有排斥的東西。

但是對B來說，她雖然在心理治療領域工作了十多年，卻還是覺得看心理醫生是一件非常屈辱的事情。所以她投射性地認為，我在貶低A。B內心對疾病和看心理醫生的這種貶低，傳遞給了A，A也感覺到B對疾病和看心理醫生有敵意，所以她感覺到了不舒服，並且把這種不舒服表達了出來。

我後來對B做了一些工作，我對她說：「你在這個領域工作了這麼長時間，還對疾病和看心理醫生如此忌諱，你真的需要把自己的內心清理一下。如果你不把自己內心清理乾淨，這些東西遲早會投射出去，並且被別人感受到。」

我經常使用「病人」這個詞，也會讓大家形成誤解，這個誤解來自投射。我是當醫生的，我習慣於稱我的服務物件為病人，我覺得我的病人是我的衣食父母，我使用這個詞的時候，帶有很多尊重，沒有貶義，沒有貶低。

有的諮詢師使用的是「來訪者」，所以他們會投射性地認為，我稱來訪者為病人的時候，是瞧不起來訪者，或貶低來訪者，或攻擊來訪者。我確認，這是他們對我的投射，不是我內心存在的。再次強調，只要你認為我使用「病人」這個詞的時候是對病人的攻擊或者貶低，這不是我的攻擊或貶低，而是你的。

覺察到自己的投射，便有了邊界感

一個員工認為他的老闆對他有意見，他覺得老闆看他的眼神、關門的響聲，都是在攻擊他。治療師告訴他，其實是他對老闆有敵意。當他覺察到原來是自己對老闆有敵意的時候，他覺得老闆對他的敵意消失了。他之所以會有這樣的變化，是因為他把自己對外的攻擊還原成自己的，不再投射成老闆會攻擊他。

這對調適人際關係非常有益，因為這是讓自己的東西變成自己的，別人的東西變成別人的，不強迫別人擁有自己的東西。

一旦明白了投射原理，不僅可以在現實層面減少互相指責，也有利於劃清我們跟別人的邊界，使人際關係更和諧。

第 8 章

防衛機制之四：認同

醫師這樣說

- 所有的獨立都需要付出代價，這個代價就叫自由。
- 如果 15 歲的孩子談過戀愛或者在談戀愛，就表示父母沒有人格障礙。

渴望與他人進行聯結

Identification，多年前曾有人把這個詞翻譯成「同一性」，近年來我們更多是使用「認同」這層意思。

佛洛德的孫女索菲．佛洛德（Sophie Freud）曾經在二〇〇八年的世界心理治療大會上做主題發言，她發言的主題是「21世紀最大的問題——認同」。她來自佛洛德家族，對心理學與社會的關聯有很獨到的見解。

為什麼說21世紀最大的問題是認同？這跟科技的發展、社會的巨大變遷等變化是有關係的。這種大環境的變化，導致每個個體都需要有對自己的認同。

年齡的認同

有很多關於認同的主題，我們先說一下年齡的認同。

人的一生中有兩個重要的年齡認同階段：一個是青春期，一個是更年期。實際上都應該叫更年期，因為都是年齡的更替。

有一次，我的一個女學員跟她16歲的兒子說，「媽媽現在更年期了，你別惹我啊」。然後她兒子說，「我怎麼不惹你，我敢惹你，我現在是青春期」。

可見，很多孩子的問題是：在自己青春期的時候，遇見了正處於更年期的父母，所以彼此之間可能有很多不協調的地方。

青春期

在青春期這樣的「更年期」中，主要衝突之一是獨立與依賴。就身體、智力以及其他能力而言，青春期的孩子處在一個要獨立不獨立，要分化不分化的階段。如果讓他們完全獨立，他們肯定活不下去，但是讓他們完全依賴，他們內心又有強烈的希望獨立的願望，所以他們處在一種與父母衝突頻發的狀態中。

為什麼會這樣？實際上也很好理解，在青春期的時候，孩子的身體迅速發育，曾經被他們很好地支配過的小胳膊小腿，突然大了起來；另外以前一直通過其他方式來表達或者滿足的與性有關的欲望，突然被明確地意識到……面對這一切變化，他們可能會有一些慌亂。

更年期

更年期的狀態不太一樣。在此期間雖然身體也發生了巨大的變化，但是這種變化是在走下坡路。女性的皮膚變得鬆弛、乳房下垂、雌激素分泌減少、性欲降低、頭髮脫落等，這些都在告訴一個身處這個年齡階段的女人：餘下的生命已經不多。這可能會導致極大的內心震盪。

對男性來說同樣如此，性的欲望和能力不如以前，肌肉鬆弛，面部出現皺紋，眼睛開始昏花等。這些實際上是在強力地對一個男人說：你離生命的終點已經很近了。這可能會導致他們內心極大的不平衡。

我們的目標之一，就是　明這些內心世界處於動盪狀態的人，平安地度過這一段時間，實現年齡認同。

我究竟是誰

我16歲的時候，有時候感覺自己是6歲，有時候感覺自己是61歲，但就是沒有一種關於我已經16歲的恰當感覺。同樣，在我接近50歲的時候，有時候午夜夢迴，我真的不相信，我已經年近半百，這讓我覺得是一件非常恐怖的事情。

女性同樣如此，相信很多女性也會有我這樣的感覺，也許快50歲的時候，可能感覺自己只有18歲。相較而言，女性更在乎自己的年齡。所以，很多人認為不在社交場合問女性的年齡是一種禮貌，是一種社交禮儀。

那麼，認同是從什麼時候開始的呢？我覺得從孩子非常小的時候就開始了。認同，實際上是在尋求一種確定性。人是這樣一種動物：當不太確定的時候，會引發焦慮。比如，如果不確定自己的性別，會引起性別焦慮；如果不確定自己屬於哪種文化，或者哪個國家，會有身份認同方面的焦慮。

孩子小的時候，他的自我認同需要通過別人的評價才能知曉；別人說他是這樣的，他就朝這樣的走一段，別人說他是那樣的，他就朝那樣的走一段。但是到了青春期，孩子的成長速度很快，導致他對自己的身體不熟悉了，他不敢肯定這個身體是不是他的，他需要一段時間來適應它。他內心湧動出各種各樣的需要和欲望，這些也是他不熟悉的，他也需要時間來接納它們，跟它們在一起。

青春期孩子遇到的種種變化，以及一些關於自己的相互矛盾的評價，這時候會彙聚成一個「我究竟是誰」的問題。孩子需要面對這些相互矛盾的評價來進行處理，從而使它們統一起來，這就是青春期這個年齡段認同的特殊性。

向「好孩子」認同是一把雙刃劍

父母誇孩子是好孩子，是一把雙刃劍。一方面，孩子被尊重、被接納、被表揚；另一方面，孩子也會被限定，他只能向「好孩子」認同，那麼孩子「壞」的那一面就不被允許，被壓抑了。

比如，孩子真的不知道，性的欲望是好還是壞，喜歡異性到底是好還是壞，青春期的時候塗指甲油到底是好還是壞，這個時候戴金戒指到底是好還是壞，留長髮到底是好還是壞，等等。如果孩子被過分地回饋為一個好孩子，他內心的衝突就開始了。

但是我們知道，如果孩子能突破別人對他們的暗示，這本身就是成長。

在遵紀守法的前提下，可以說背叛就是成長。對父母的背叛，在一定程度上是長大的標誌。在這個階段，突破一些曾經被禁忌的東西，會帶來極大的享受。因此，這些禁忌可以看成是父母送給孩子的禮物，會讓孩子在以後突破的時候，有機會獲得更多的快感。事實上，一點小小的突破或者自由，就可能給孩子帶來極大的歡愉。

依賴或獨立

青春期，我們慢慢地擺脫父母對我們的影響。在孩子社會化的過程中，他會發現除了跟父母玩外，還有更好玩的，外面有更加自由廣闊的天地。在這個過程中也會出現矛盾，我們不確認父母是希望我們出去玩，還是不出去玩。

而父母傳遞的資訊是反的，意識層面他們希望孩子走得越遠越好，成長得越來越好。可是孩子走得越遠越獨立，他們內心就會越來越多地體驗到被拋棄的感覺。所以父母對孩子的態度足夠矛盾，給出的資訊也是矛盾的。於是在孩子的內心，依賴和獨立也變得矛盾起來，這是青春期的核心衝突之一。

所有的獨立都需要付出代價，這個代價就叫安全，或者舒服。

如果一個人在青春期關於獨立和依賴的問題沒有得到很好解決的話，在成年期容易患一種身心疾病——胃潰瘍。

患有嚴重胃潰瘍的人，一般有兩種極端性格。一種是完全獨立，剛愎自用，有那種「請把這一切都放在我肩上」的氣魄。但是他們內心有需要依賴的部分，於是他們通過讓自己的胃出血，躺在病床上被人照顧的方式，來滿足自己依賴的需要。還有一種是完全依賴別人，沒有別人的照顧完全活不下去。這類人的胃潰瘍是被動潰瘍型。

通過認同重生

在青春期之前，人格其實早已形成。一個人在人格方面可能會有一些優勢，同時也會存在不足。青春期這個特殊的時期，會給孩子一個機會，讓孩子通過認同重生，或者叫重新塑造、重新整合，使自己變得更好。

從精神分析角度來看，早年因為孩子不太被允許獨立支配自己的肢體和頭腦，到了青春期，孩子要求獨立的願望越來越強烈，而且在能力上，他們也為自己獨立做好了準備，使他們可以擺脫早年的創傷、早年的被約束，從而獲得重生。

我為誰活著

在青春期，孩子想要獲得最高的自我控制的權利——我怎麼做應該由我自己做主，最高決策權我應該收回，任何人包括父母的意見都應該是第二位的，或者說只有參考價值，而且我為此已經做好了能力上的準備。

假如，之後孩子在戀愛或選擇職業的時候被過度控制，也就是按照父母的願望來做的話，會直接導致以下問題：我到底有沒有能力為自己做主，或者說我有沒有為自己做主的權利；我的人生到底是父母的，還是我自己的，我為誰活著。如果戀愛、職業選擇這樣重要的事情都是由父母做主的話，就相當於我是為父母活著的。

為何父母不讓我談戀愛

無論是青春期還是更年期，都有一個重要的問題就是性，前者是性的覺醒帶來的慌張，後者是性能力的下降帶來的落寞。而這兩者在社會層面相對被禁忌，所以在這兩個年齡段的人，似乎不能直截了當地說，「我不想長大」、「我不想老去」。跟性和禁忌有關的壓抑，使得內心衝突變得嚴重，年齡的認同也變得更困難。

青春期孩子性的意識覺醒之後，最慌亂的實際上不是孩子本人，而是父母。如果孩子開始戀愛，相當於給父母一個明確無誤的宣言「我長大了」。這個宣言幾乎是跟父母的「絕交書」，父母會覺得，「你這樣做，把我放哪兒了」，他們會有被置於次要地位的感覺。

孩子過早談戀愛往往被看成是有問題。我認識一個美籍華人媽媽，她有兩個女兒。大女兒16歲，有一次在衛生間發短信，很長時間沒出來，這個媽媽很焦慮，因為她覺得大女兒發的是與戀愛、性有關的短信。這反映了相比孩子來說，父母更害怕被拋棄。

我在這裡說一個標準，當然這個標準不是教科書上的，是所謂的「曾氏標準」——如果15歲的孩子談過戀愛或在談戀愛，就表示父母沒有人格障礙。

當然，我並不是提倡孩子要談戀愛，只是覺得，學習這樣的「苦差事」，如果有戀愛的滋養，或許是一件好事，而暗戀可能比直接談戀愛更耽誤學習，或者更耗能，更不環保，更不低碳。我覺得父母不讓孩子談戀愛，一方面是怕對孩子的學習有壞的影響，另一方面也是擔心好的影響，怕孩子成績太好，過快地「遠走高飛」。

通常情況下，父母雙方的感情越好，他們對孩子談戀愛的禁忌越少，也就是說父母自己快樂了，也樂於讓孩子快樂。如果父母特別依戀孩子，那麼他們對孩子的禁忌就會更多。父母更依賴孩子，實際上表示他們本身人格發展得不太好，所以他們對孩子談戀愛非常警覺。

為何父母要替我找對象

十多歲的孩子談戀愛常常被定義為早戀。有人問我，早戀的標準是什麼。我說在我這兒沒有「早戀」這個詞。有人回答得更高明，說早戀的「戀」應該改成練習的「練」，就是早點練習。

有的男孩或女孩，十五、六歲之前被禁止跟異性打交道，進了大學後倒是可以自由跟異性打交道，但是他們已經錯過學習跟異性打交道的最好年齡，他們在異性面前往往不知所措，腦袋一片空白，都不知道怎麼說話。有的人沒有跟異性打交道的經驗就進入婚姻，出問題自然難免。

部分大齡青年的婚姻問題，不是他們自己的問題，是他們要用這種狀態保持對父母的忠誠，或者說他們是把父母潛意識的願望「你永遠不要嫁人/永遠不要娶妻」，見諸行動。因為他們的父母往往是這樣想的，「你永遠是我們的孩子，而不是某一個人的妻子／丈夫」。

父母替孩子找對象，相當於父母在延續著與孩子的連接——你所有東西都是我的。儘管父母的行為是說：我要去給你找一個物件，你應當出嫁／娶妻。而其實相當於說：你所有的事情都是我安排的，包括你身邊睡什麼人都是我安排的。這實際上是父母潛意識層面的「亂倫」。

當我們看到父母要為孩子找物件，對孩子的物件評頭論足時，我們會發現這場爭奪戰往往以孩子失敗告終。不過這種失敗可能是短暫的，孩子按照父母的要求找了物件後，他們潛意識中的反抗力量就會爆發出來。他們會不知不覺地用各種方式來破壞自己的婚姻關係，來證明父母給他們找的物件是不對的。

人活著，實際上最重要的感覺是，「我可以自己做主」。我們要充分認識到這一點的重要性。

我要成為什麼樣的人

孩子大概在初中的時候，開始討論自己的人生，考慮將來做什麼，包括做什麼樣的職業，在某種程度上說，也就是做一個什麼樣的人。

我從艾瑞克森（Erik H. Erikson）的理論中看到，這個年齡段的孩子需要嘗試各種不同的角色，這有利於孩子最終找到自我。如果這個嘗試過程被強制中斷，就會帶給孩子自我認同的阻滯。

自我認同的阻滯，會使得孩子的人格發生一些不利的變化，比如變得更膽小、有更多的成見、更依賴父母等。

對職業認同，很可能是對父母的認同

一個人與職業的關係，可能是他與父母關係的延續或者複製。我們對職業的認同，往往是對父母的認同，或者說是反認同派生的。如果我們與父母的連接出現中斷，成年後就可能不斷地選擇各種職業。早年時對自我的探索越充分、越清晰，我們就越容易有清晰的職業

之路。

可以說，我們和職業的關係，就是我們和人的關係。再強調一遍，我們跟職業的關係、跟茶的關係、跟物體的關係、跟細菌的關係等，都是我們早年跟人的關係的折射。比如一個有潔癖的人，他其實不是害怕髒東西，他怕的是來自人際的敵意。

凱倫・霍妮（Karen Horney）有一本書《我們時代的病態人格》，書中專門談到了認同——所有的關係都是由我們早年與父母的關係決定的。我們表面上似乎在探索、探討我們自己的愛好，背後其實在探討我們跟父母的關係。

這個世界上，實際上並沒有所謂的心理問題，所有的心理問題都是關係的問題。我們的人格在關係中形成，且影響著我們的全部關係。

反認同可能是更深的認同

反認同，是指努力變得跟別人不一樣。

比如，你努力變得跟父母不一樣。這在我身上也非常明顯，如果大家想知道我的父母是什麼樣子，就朝著我的樣子反著想，大部分可能都是對的。之所以說大部分，是因為我在反省過程中發現，我以為我跟父母非常不一樣，但是結論讓我有點吃驚。我發現，我跟父母也有非常多相似的地方。

可以說，在我們跟父母的關係中，一定會有一部分是認同的，還有一部分是不認同的，認同的那部分維繫著我們跟父母的精神連接，而不認同的部分可以促使我們成長。

從廣義的角度來說，我們刻意地不認同父母本身就是認同的一種特殊形式，也就是說，以反認同的方式來認同。

一個來訪者說：「我爸爸是醫生，他希望我也做醫生，我實際上不是不喜歡做醫生，只是不喜歡跟我爸爸一樣，所以我就不做醫生。」因為爸爸是醫生，他不希望自己跟爸爸一樣，可見他並不是直接排斥醫生這個職業。這就是反認同。

努力變得跟爸爸不一樣，這表示他可能在別的方面跟爸爸非常近似。如果職業再跟爸爸一樣的話，他就沒有自我了。所以他排斥做醫生是要跟爸爸保持一個恰當的距離，不要太親密。

我認識一個人，他高考時數學成績滿分，而他女兒在全年級數學最差。這種情況從生物學上沒法解釋，但是從兩個人的關係上來說是可以解釋的。這個爸爸不斷地對自己的女兒「吹牛」：「你爸爸當年是數學第一名。」而他的女兒通過反認同，「我要讓數學成績非常糟糕」，來顯得跟爸爸不一樣。

女兒這麼做相當於給爸爸留了一個後門，「我如果數學成績也很好的話，你可能就沒機會說我了。而你說我，可以跟我保持非常親密的關係，所以我留一個毛病，讓你可以不斷地說，這樣我們就可以保持連接」。

可以說，女兒其實讀懂了爸爸的潛意識：「你最好是數學成績不好，這樣我在你面前永遠有數學上的優越感。然後，我也可以一直說你，你結了婚我可以說你，你有了孩子我做了外公，我還可以說我的外孫，我們的連接就更緊密了。」

很多時候，孩子會盡一切努力來迎合父母潛意識的願望，甚至父母希望孩子生病的願望，孩子都會極大程度地迎合。

第 9 章

文化、權威、性別認同

醫師這樣說

- 如果在情緒上跟某個知識融為一體的時候，學好它就容易得多。
- 因為文化對人性有很多限定，我們才能夠在規則的框架下發展能力，使整個社會不斷進步。

文化認同

「不要讓孩子輸在起跑線上」是惡毒咒語

對神童的崇拜，孩子越早讀書越好，越早成才越好，這就是集體潛意識的文化。不讓孩子輸在起跑線上，就是對這種文化的認同。

不讓孩子輸在起跑線上，這句話本身就是有問題的。它實際上是在暗示孩子和家長，人生就是戰場，所以有輸贏。那麼，既然人生是戰場，可以說我們碰到的所有人都是我們的敵人。

這是一種超級罪惡的暗示，已經不是錯誤級別的問題了。

為什麼學不好外語？因為學好意味著背叛

文化認同是一個非常大的話題。雖然現在各種文化或者各國之間的交流變得非常便捷，但是每種文化都還有它的獨特性。

文化認同包括語言認同。對外交流中，語言是重要的工具。每個人幾乎都有學習外語的經歷，有些人在學外語的時候遇到了非常大的阻力，研究後發現這不是智力問題，而是因為他們在潛意識層面排斥另一種文化，他們覺得——如果我學好了外語，就意味著對自己文化的背叛。

這點在方言中也表現得很明顯。比如一些從大城市如上海回到老家的人，說的是一口上海話，老鄉們會覺得「你忘本了，你是在我們面前炫耀，你是在攻擊我們」。所以他們潛意識層面或者意識層面會覺得，如果使用其他語言，就意味著巨大的背叛，是會受到懲罰的，他們不敢讓自己流利地說一種更大的城市的方言。

如果把這種心理過程擴大，也就不敢讓自己學好另一個國家的語言。也就是說，在學外語的過程中，潛意識壓抑著我們的學習能力。

國語不標準，是缺乏情感支援

舉個例子，大家聽我的普通話，會覺得我發音不準，但是從我的能力來說，我的舌頭、口腔、氣息是可以把音發準的。只是我會覺得，如果發音標準，我就缺乏情感支援了，我的背後是空的。

這往往是很多人不敢讓自己流利地說一門其他語言的原因。只不過有的人問題不嚴重，對語言學習的影響小些，有的人問題嚴重些，對語言學習的影響大些。

可見，語言與情感是相聯繫的，當情感支援語言的時候，語言會變得很流暢，當情感不支援語言的時候，它們是隔離的。學習一門語言，如果僅僅是學文字和聲音，那麼學好會有困難。我們如果在情感上跟某個知識融為一體的時候，學好它就容易得多。

也就是說，學不好什麼，實際上是跟它的關係的問題。比如，數學學不好，實際上是跟數學的關係的問題；外語學不好，實際上是跟外語的關係的問題。關係搞好了，自然就能學好。

內心「無法歸隊」是文化認同惹的禍

在外國語學校的小語種班級，語文老師經常強調不要忽視了母語。有時候語文老師會說，你們對自己所學的外語那麼認真，為了學好小語種，專門去看電影、聽歌、抄歌詞等，卻不像這般重視自己的母語。這種現象其實是過度地認同另一種語言，而不太認同自己的母語，不重視自己國家的語言。

一個人如果不把自己的母語學好，他整個內心世界的結構可能都不太穩定，也就是他沒有一個根基性的認同，這會極大地影響他向外走。這也就是我反對過早地把孩子送出國學習的原因。初中階段是非常重要的奠定語言系統，或者說奠定整個精神系統的階段，是讓孩子骨子裡有對某種文化認同的感覺的階段。

我見過很多人，他們在多種文化中漂泊，他們的父母一般是在世界各地做生意的商人，或是在世界各地就職的外交官員等。這樣的人，給人的感覺有點飄忽，有點捉摸不定，他們身上難以發現任何一種主流文化的印記。我推測，他們自己可能也不知道，自己到底歸屬于哪一種文化群體，或者哪一種亞文化團體。這會帶給他們一種非常難受的感覺。

認同問題一般有兩種情況：過度認同和過度不認同。

認同要適度。過度認同可能製造偏執，製造人格的不靈活性，製造對其他文化的攻擊；過度不認同，就會讓我們不知道——我到底是誰，我從哪兒來，我屬於哪個團體等等。

如何有效減少認同偏執

互聯網的發展，交通和交流工具的增加，使我們變得不那麼認同偏執。我們在做本國公民的同時，也時時感覺到我們是地球上的公民。反之，我們可能會偏執地認為，我們只是某國人而不是地球人。地球上的人如果都有這種偏執認同的話，可能就會製造個人、民族或國家之間的衝突。

有的時候，去個性化可以有效減少認同偏執。去個性化，也就是沒有個性、沒有自我。當一個有個性的人活著受到威脅的時候，即所謂的「出頭的椽子最先爛」、「槍打出頭鳥」、

「木秀於林，風必摧之」，去個性化可能是一種潛意識的保護。

覺察到自己潛意識的認同，或者換句話說，把自己潛意識的認同意識化，可以起到控制認同程度的作用，使我們不那麼認同偏執。

作為一個精神分析師或精神科醫生、心理治療師，會不會在自己的職業認同上也變得越來越偏執？比如，如果對所有問題都刨根究底，會極大地破壞一個人的生活樂趣，因為有很多事情我們沒必要問為什麼，享受就可以了。

在文化和限定中，存精華去糟粕

文化的本質就是遊戲規則，是用來限定人性的，我們的文化強大、豐富，也許表示我們被更多地限定了。

佛洛德寫過一本書《文明及其不滿》，這本書實際上談的就是文化對人性的限定。沒有文化，人可能是這個地球上最壞的生物，正因為有文化，對人性有很多限定，我們才能夠在規則的框架下發展能力，使整個社會不斷進步。

五千年不中斷的中華文明，值得我們自豪。中華文化中有很多美好的東西，比如飲食文化、繪畫、書法、音樂等，對我們有非常好的滋養作用。但是人與人交往的文化中，對男女各自行為規範的文化中，也有一些不好的部分。可以說，我們被文化滋養了，同時也可能被文化「陷害」著。我們應該具備背叛文化中糟粕部分的能力。

文化對我們來說，相當於蝸牛背上的殼，一方面可以給我們遮風擋雨，另一方面也可能是我們的包袱。我們的認同不僅僅是精神層面的，還會滲透到我們的皮膚裡、肌肉裡、骨頭裡、血液裡，如果這個認同被威脅，會直接導致我們的身體反應。

延伸閱讀

被限制慣了，會恐懼自由

電影《刺激 1995》中講了一個在監獄裡住了40年的男人瑞德。他一直在申請假釋，但是都沒有獲得批准。有一天真的要放他出去了，他卻不知道怎樣過自由的日子，他說自己已經被體制化了。

體制化本身就是一個認同的過程，即向制度規定的生活認同。瑞德已經習慣了監獄的生活，因而恐懼自由的生活。

權威認同的兩種方式：認同、反認同

從心理動力學角度來分析，權威認同首先是因為恐懼。一個人投射性地認同的權威是比自己更加強大的人，認為認同權威後，他就不會攻擊自己。這是一種典型的保護自己的方式。

進一步探究，對權威的認同實際上也來自對權威的攻擊。這是一個投射的過程——我投射性地認為你是權威，我對你不服氣，我又害怕對你的不服氣導致你對我的反擊，所以我通過認同你，讓你沒辦法攻擊我。

在對待權威上，一般有兩種方式：一種是認同或者阿諛奉承；一種是反認同，凡是權威都反對，只要是權威就打倒，實際上是一種變形的對權威的認同。

比如，有人投射性地認為我是精神分析領域的權威，但在我們討論某個話題的時候，我說的任何話都會遭到他的反擊，他在內心就是通過攻擊來認同我。

通過攻擊來表達認同，或者是來實現認同，就是反認同。反認同等於認同。或者說，不認同是認同的一種方式，攻擊是阿諛奉承的一種方式。

反認同是一種更深層的認同方式。因為自由需要我們自己為自己承擔責任。如果一個人的人格發展得不好，承擔責任對他來說就是一件非常困難的事情，而聽從權威是更加安全的狀態。這可以說是在逃避責任。可見，逃避責任和逃避自由幾乎是同一回事。

一個驚心的實驗：對權威的認同

假如找一個志願者來做一個實驗，看看通過懲罰能否讓一個人好好學習。志願者到達實驗地點，面前有很多按鈕，一個顯得很權威的人告訴他實驗內容：這些按鈕是控制電壓的，從45伏特開始逐步增加，等下會讓另一個人讀單詞，如果他讀錯了，你就按開關對他實施電擊懲罰；他的錯誤越多，你懲罰他的電壓就越高。

結果發現，只要是這個權威的人用權威的語氣命令志願者的時候，志願者就會對讀錯單詞的人實施很重的懲罰，即使志願者不這樣做也沒有關係。也就是說，權威的人的一個小小的命令，很可能讓人對他人實施非常殘忍的懲罰。

很少有人會因為自己的良心過不去對權威說不，很少人會質疑對這個人的懲罰太大，他只不過是念錯了單詞而已，為什麼要受到如此的懲罰？這可以解釋希特勒為什麼可以讓那麼多善良的人做那麼殘忍的事，就在於服從權威。

用權威認同還可以解釋為什麼這個世界上會出現大規模的屠殺事件。實際上，真正壞的人是少數，但是有很多正直善良的人，他們在壞人的權威下做了壞事，因為權威認同成為壞人的幫兇。

延伸閱讀

權威認同與文化認同：毒打孩子，責任誰來擔

當看到一個爸爸打孩子的時候，我們內心會非常反感這個爸爸。但是如果我們深入瞭解，他自己作為孩子的時候，很可能也被父母痛打過，所以這是一個「罪惡鏈」。所謂罪惡鏈，也就是整個家族、整個體制來為某件事情負責，而不是這個鏈條中的某一個人來承擔責任。

父母是權威，父母有權打罵孩子，孩子不能反抗，這就是權威認同。棍棒底下出孝子，父母打孩子是天經地義的，是家事，這也是一種文化認同。這與中國幾千年的專制文化有關。

在專制文化中，皇帝就是最大的「父親」。在一個家庭裡，雖然年長的男人是父親，但是這個年長的男人永遠都生活在皇帝這個更大的父親的陰影下。可以說，這個年長的男人可能沒長大，他自己還是「孩子」，就承擔了父親的功能。

性別認同

性別認同的影響力

我們在填表介紹自己的時候，首先是姓名。姓名非常重要，因為它涉及認同。比如父母給孩子取的名字中有生僻字的話，孩子以後可能變得比較退縮，因為他可能會認同這個生僻字，像這個生僻字極少出現在文字表述中一樣極少展現自己。

除了姓名外，我們要填的第二項往往是性別，是男的還是女的。一個男人如果過度認同自己是男人的部分，可能某些時候會欠缺所需要的謹慎、細膩、溫和、耐心等。一個女人如果過度認同女性特徵，可能就會欠缺應該有的堅毅、果斷、膽大等，她最適合的職業也許是照顧別人。

我們如果看看那些有所成就的人，不管是男人還是女人，就會發現他們同時具有男性和女性的優秀人格品質，而且他們的這些品質具有非常大的靈活性。

有一個醫生做了很多例變性手術之後，變得有些抑鬱，因為他覺得自己這樣做是改變老天當時的設計，有點逆天而行的味道。當然，選擇變性的人也非常痛苦，他們作為男性出生，卻一直認為自己不是男性，而且長期處在這種迷茫的狀態中。這種認同，或者說不確定的認同，實在讓人覺得糟糕。

青春期，有些女孩想變成男孩，或者男孩想變成女孩，有這樣的想法而不見諸行動，是可以理解的。但是如果想法比較強烈，可能是在早年與父母的關係中形成的。

舉個例子，有一個女高中生，長得很豐滿，她為自己是女人感到恥辱。因為她爸爸總是在她面前攻擊她媽媽，說她媽媽是一個糟糕的女人，在外面勾引男人，所以她為自己身上能夠吸引男人興趣的部位感到羞恥，她希望自己變成男人。她的理想是讀大學後賺很多錢，然後把自己的乳房切掉，把自己別的部分也同時變成男人。當然，這個個案，還涉及她對媽媽的不認同。

排除疾病原因，一個女性讓自己變得非常胖，或者骨瘦如柴，其實可能是在散發一個資訊——男人不要對我感興趣，因為我不足以吸引你。低等動物都會利用自己的身體信號發出資訊，吸引異性，以利於交配和繁殖，人這種高等動物也不會放棄這種方式。那麼，一個人不讓自己使用這種方式，本身就是壓抑的表現，是性別認同問題。

女性認同比男性認同曲折

女性在性別認同方面的發展比男人要曲折，這是因為女性的情感反應比男人要細膩。剛開始的時候，女性是跟母親認同的，然後為了社會化，為了有更多的自我功能，她開始向父親認同，也就是知道除了媽媽外還有另一個人。到了一定的年齡，比如青春前期，她就會折回來再認同媽媽，使自己越來越像一個女人。如果這個過程很順利，以後在這方面就不會有太大的問題。

但是前文的案例中，這個女孩在從媽媽認同分開，轉向認同爸爸之後，她就回不去了。因為她爸爸強烈地攻擊她媽媽，所以她停留在跟爸爸的認同過程中，她希望自己變成男人。

男性的認同與女性的認同不一樣，男性小時候跟媽媽認同，然後轉過來認同爸爸，就不需要折回去，而是一直這樣認同下去，他就可以做一個適應性比較好的男人。

當然，我們不需要強調男女之間的差別。如果過分強調男女之間的差別，很可能就會製造男女之間的戰爭。

第 10 章

防衛之五：自我功能抑制

醫師這樣說

- 一個人數學學得不好，可能並不是智力有問題，而是他應用了某種防衛機制，壓抑了自己的數學能力。
- 人類經常做的一件傻事，就是給自然而然的東西賦予一些非自然的意義，把來自一個人內心天然的動力，變成來自外界強加的。

減少痛苦感受的強度

決定能力的往往不是智力

有一種重要的、有趣的而且很常見的防衛機制，叫自我功能抑制。那麼，什麼是自我功能呢？自我功能，也就是一個人能搞定該搞定的事情，包括生活、學習、工作、人際交往等的能力。

很多與能力有關的事情，在我們通常的認識裡，會覺得它們跟智力有關，或者說跟人先天的大腦結構有關。但是，如果深入理解就會發現這些事情可能跟大腦結構和智力沒關係，而跟人格有關係。大約只有5%與能力有關的事情，是跟智力有關的，其他95%與能力有關的事情，都跟自我功能抑制有關。

比如，一個人數學學得不好，可能並不是智力有問題，而是他跟數學的關係有問題，或者是跟數學老師的關係有問題，或者是他應用了某種防衛機制，壓抑了自己的數學能力。

自我功能抑制產生的原因

自我功能抑制，大多是因為把自我功能降低到本能層面，超我對本能進行打壓，自我功能喪失。假如，孩子看到了一些不應該看到的成人之間的性活動，或者比較殘忍的畫面，像飛機的空難現場、地震的現場，因為這些對他的視覺衝擊太大，所以他需要關閉自己的視覺，使自己不要受到太大的刺激。這就是自我功能抑制。

精神運動性抑制

精神運動性抑制，意思就是在某種憤怒的情感衝擊之下，因為害怕自己因為憤怒而攻擊別人，比如打別人，於是就讓自己渾身無力，特別是用於攻擊的手或者腳沒有力量。

實際上，這在我們生活中有非常簡單的表達，比如「我氣得全身無力」。也就是說，我害怕我的憤怒變成對別人的攻擊行為，所以我潛意識裡讓自己變得渾身沒有力量，這樣我就不會強力攻擊別人了。

精神運動性抑制與癔症有一定的關係。癔症有兩個典型的症狀：一個是轉換症狀，另一個是分離症狀。實際上，精神運動性抑制就是　症的轉換症狀。也就是說，　症本來是一個人的心理或者情緒問題，他卻無法用一般的表達情緒的方式來表達，只能通過讓自己的身體出現一些狀況來表達。

精神運動性抑制是讓人停留在虛弱無力的狀態，如果這種狀態進一步發展，就可能導致軀體的癱瘓，也叫心因性癱瘓。

延伸閱讀

打人，是因為攻擊性不能用象徵化方式表達

如果我們的攻擊性不能象徵化地用語言來表達，我們就只能用行為來表達。這是一種退行的防衛機制，是退行到用行為來表達愛恨情仇的程度，比如打人。

突然癱瘓的右手

有一個畫家準備舉辦一次國際畫展。在離畫展還有兩個星期的時候，他的右手突然癱瘓。做了各種各樣的檢查，都沒發現有什麼問題。

醫生說：「你應該去看看心理醫生。」這個畫家說：「我有什麼心理問題呢？我覺得我自己挺好的。情緒既不抑鬱、不焦慮，也不強迫，為什麼我要去看心理醫生呢？」

但是過了好長時間，這個問題都沒解決。他撐不住了，就去看了心理醫生。心理醫生對他說：「你如果成功地辦了這次畫展，可能讓你覺得自己攻擊了同行或者親人，所以你害怕自己這樣的成功，於是通過把自己心理上的攻擊性轉換成軀體的症狀，讓你手臂癱瘓，使你不要成功地舉辦這次畫展。」

這個畫家仔細地體會了心理醫生的解釋，一段時間後，癱瘓症狀突然就好了。

從防衛機制上來講，這個畫家可以說是將攻擊轉向自身，只是他不是讓自己出現抑鬱情緒，而是用一種轉換症狀——軀體的癱瘓或者乏力，替代了情緒低落。

忽然停止的呼吸

有一個來訪者，他會突然暫時停止呼吸，但是各種各樣的檢查都沒有發現任何器質性的問題。在這種情況下，我們就需要考慮是不是心因性的問題，即由心理因素所導致的軀體疾病。

我高度懷疑，這個來訪者是精神運動性抑制。因為呼吸是一種自主的神經系統活動，如果我們內心的憤怒無法恰當地找到出口，它就會轉向自身，變成軀體的症狀。我相信通過一段時間的心理治療可以找到他忽然停止呼吸的原因，以及治療好他的病。

口吃

電影《王者之聲：宣戰時刻》中，口吃的國王小時候是有很多創傷性經歷的。

心理動力學對口吃的解釋是：一個人如果覺得自己流暢表達後的愉悅感是某種性欲的滿足，或者說流暢感製造了對他人肆無忌憚的攻擊，為了迴避愉悅感或者攻擊，他就會讓自己說話變得結結巴巴，這樣他的愉悅感和攻擊的肆無忌憚的感覺就會減少，從而減少他的內疚感。

如果一個孩子被媽媽或者他人過度關注，這些關注就像刀子一樣會把他所說的話切割成碎片，他就會變得口吃。

所以，口吃是關係的問題，或者說是關係中的心理動力學的問題。為什麼有些人說話的時候口吃，但是唱歌的時候不口吃呢？因為歌曲或旋律本身具有把各個詞黏合在一起的特殊功能。旋律是不會被關注力切斷的，但是語言會。

另外，為什麼著急的時候比不著急的時候更容易口吃呢？著急的時候，有太多攻擊性，所以不能讓語言順利地流出去。因為這會對他人製造巨大的傷害，可能會有不可收拾的後果，所以通過轉換將這些攻擊性向內。攻擊性向內後，破碎的語言就會變得更加破碎。

一個人可能不口吃，但是他說話的流暢程度不夠，比如在他的話語裡，情感的連線性不夠通暢，也屬於說話的自我功能抑制，只不過程度不如口吃嚴重。

說話聲音太小

有的人說話，感覺要把耳朵貼到他的嘴邊才能夠聽得清楚；在一些小組的治療活動中，有些人說話越說聲音越小。對這樣的現象的心理動力學解釋是：當一個人把說話的音量，跟他從事與性有關的活動時的音量等同起來的時候，他的超我自然就會讓他不要把聲音弄得太大，因為這樣別人會聽見。

有一個男性成員，在小組裡說話的聲音越來越小，於是我就很大聲地對他說：實際上，你說話可以聲音大一點，因為說話不是叫床。在他對此有所領悟之後，他說話的聲音越來越大，並且一直都保持說話聲音很大的狀態。

我給他的解釋，實際上是把他的潛意識意識化。他的潛意識認為，「我說話聲音大，就像在從事性活動時弄出太大的聲音，這樣會讓別人知道」。把他的潛意識意識化，他的超我就難以對他這種狀況進行打壓了。

閱讀障礙

我們從孩子身上可以感覺到，他們剛識字，且知道某一個文字是什麼意思的時候，可以獲得極大的快樂。有很多成人保持了良好的閱讀習慣，實際上是因為小時候就能夠從閱讀中獲得很多的快樂。

但是在臨床中，我碰到過一些孩子或者成年人喪失了閱讀功能。有一個26歲的女孩告訴我，她從初中時就開始出現這樣的問題：一道應用題，所有的字她都認識，但是這道應用題說了什麼她不知道；一段語文課文，每一個字她都認識，但是她不知道整段話說的是什麼意思。

我們對這類情況的心理動力學解釋是：如果理解了整段話的意思，就表示滿足了自己某種被禁忌的性的欲望，而這是超我不允許的。

記不住別人的名字

我調查過很多人，他們都覺得自己很難記住別人的名字。比如兩個人反覆見面，但就是不知道對方叫什麼名字。這可能會導致一些內疚感、羞恥感，或者其他人際關係中的問題。

心理動力學對記不住別人名字的解釋是：一個人如果記住了別人的名字會有很多好處，比如有更廣的人脈，在遇到麻煩的時候有更多人幫助他，但是他覺得自己不配，所以關閉了記住他人名字的能力。

我曾經向好幾個記不住別人名字的人這樣解釋：你實際上比那些能記住別人名字的人，在對名字的處理上多做了一道工序。那些能記住別人名字的人，他們記住了就記住了，就像在黑板上寫下了對方的名字一樣。但是你們不僅在自己大腦的黑板上寫下了對方的名字，而且還把這個名字擦掉了。你比別人多做了一道工序，這道工序叫擦掉或者遺忘。

認可這樣的解釋，並且領悟之後，他們發現自己記憶別人名字的能力大大地提升了。

這個解釋實際上是給這些人一個暗示：你在記住這個人名字的同時，也在盯著這個名字並要把它擦掉。這其實讓他們對名字做了兩道工序，只不過把他們潛意識中的那道工序上升到了意識層面，相當於讓他們兩次接觸了這個名字，所以記住別人名字的可能性就會大大增加。

有人可能會說，這是催眠暗示的方法。我完全同意這種說法。我和我女兒有過這樣一次互動。有一次她說：「爸爸，這個單詞我記不住。」我說：「好吧，你看著這個單詞，你把它忘掉。」她看了半分鐘，說：「爸爸，忘不掉。」

我是把她潛意識中的第二道工序，也就是忘記這個單詞的過程，從潛意識變成了意識。我主動要她忘掉，她說忘不掉，也就是記住了。

所以那些容易忘記別人名字的人，其實具有更好地記住別人名字的能力，只不過這種能力被壓制了，這屬於自我功能的抑制。

同樣，沒有方向感也是一樣的道理。一個地方去了十次，還是不知道怎麼走。這樣的人對方向的記憶力往往比別人更好。可以這麼說，那些去一個地方一次就能夠記住正確道路的人，只不過是在五條道路中記住了其中一條正確的。而沒有方向感的這類人，每一次都是在五條道路中記住四條錯誤的，他們的記憶力至少是那些記住一條正確道路的人的四倍。假如去那個地方不止五條道路，而你每次都走錯的話，那你的記憶力就比那些能夠記住唯一正確道路的人，要好太多太多了。

延伸閱讀

記憶和情緒有關係嗎

情緒是受攻擊驅力和性驅力影響的。攻擊驅力和性驅力與自我功能有千絲萬縷的聯繫，而記憶是自我功能的一種，所以我們的情緒影響到自我功能，然後影響到自我功能的一部分——記憶。

情緒影響記憶還有一個證據，一件愉快的事情，我們可能會記很長時間。但是一件讓我們覺得有點羞恥的事情，就會出現兩種完全不同的狀況：一種是完全忘記，一種是對這種事情的記憶比愉快的事情還要久遠。

可見，刻骨銘心很多時候往往是針對非常悲傷的事情。從精神分析的角度對刻骨銘心解釋是：嚴重地影響自我功能的情感體驗。同樣，在情緒激動的時候，口吃會變得更加嚴重，這也是情緒對自我功能的直接影響。

簡單的加減法也不會

一個人的自我功能抑制，也可以表現為智力的下降。我們都知道，有很多人非常聰明，但他們就是數學成績不好。

我的一個學員，她是學西方哲學的。在哲學及其相關的領域裡表現出非常好的智力，但是當我問她多少歲的時候，她突然顯得有點猶豫。她說：「我不知道我多少歲，但是我告訴你，我是一九七五年出生的。」我當時覺得很奇怪：「2021 減去 1975 不就是你的年齡了嗎？」她臉上露出非常恐懼的神情，說：「我不會這樣的加減法。」

她還告訴我，她從小學的時候開始，數學成績就不好，超過兩位數的加減法，她都沒有辦法通過心算來得出正確的結果，數學成績永遠是班上最差的。數學成績成了她的噩夢，只要一說「數學」兩個字，或者是上數學課，她就處在高度焦慮狀態中。

另外，買菜時找多少零錢這樣的事情，她也無法心算。她去買菜的時候，一定會帶一個計算器。

我對她說：對你來說，也許算出來一道簡單的數學加減法，相當於突破了某種不能突破的禁忌，所以你關閉了自己的數學功能。因為跟這個學員接觸的時間比較短，所以我不知道這個解釋對她有沒有作用。但是我相信，把她被壓抑了的數學能力，通過精神分析的解釋技術挖掘出來，她會比他人有更強的數學能力。

總是不討人喜歡

有一句話被很多男孩奉為箴言：女孩說「不」的時候，心裡一定是在說「是」。所以，有些男孩追求女孩，在女孩堅決說「不」的時候，他們可能還窮追不捨顯得有些賴皮。

實際上，女孩也有說「不」，內心想的也是「不」的時候。此時如果男孩仍然認為女孩內心的想法是「是」可能會導致與女孩的交往問題，或產生關於現實判斷的自我功能抑制問題。

比如，有些男孩在和異性交往的過程中已經處於這樣的境地：只要他們到任何有女孩的場合，那些女孩一看到他們，就全部作鳥獸散，都離開了。但是由於這些男孩的現實判斷能力降低，他們會把女孩們對他們的厭惡，理解成女孩們非常喜歡他們，所以他們會保持自己這種不討人喜歡的樣子而不改變。

適應能力非常差

一般人都具有適應環境的能力，但是有些人適應環境的能力非常差，為什麼？

比如，一個人從農村來到城市，他們跟城市生活格格不入，以至於幾年或者十幾年下來，他都會保持在農村生活的狀態。他本來具有適應城市生活的能力，只是被他壓抑了。

更典型的例子也許是那些出了國，但是永遠都待在唐人街的人。雖然他們在國外待了很多年，但幾乎不會說英文，他們永遠使自己處在一個隻說中文的環境裡，封閉了自己有可能適應更廣闊的社會環境的能力。這種自我功能抑制，如果給它取個更加具體的名字，可稱為自我可塑性下降。

有的人相信他人的可塑性下降，也就是說：我不相信我具有改變他人對我的態度的能力。

兩個女孩一起進入同一家公司，若干年之後，一個女孩還留在原地，另一個女孩節節攀升，有了更高的職位和更多的收入。那個一直留在原地的女孩會對其他人說，那個節節高升的女孩之所以能夠這樣，是因為她適應了潛規則，用不正當方式獲得了提拔。顯然，這個一直都沒有升職的女孩處在一種相信他人不可改變，除非用不正當手段的狀態。

隨意的關係才有性快樂

一個女孩認為，自己只有與在隨意的場合和時間認識的男人發生性關係時才有快樂。比如和酒吧或者街上遇到的男人發生關係，才能有足夠的性滿足。如果讓她循規蹈矩地跟一個男人約會，她就覺得一點樂趣都沒有。

為什麼會這樣呢？很可能是這個女孩成長的家庭環境非常單一和枯燥，缺少情感的交流，缺少彈性和變化，所以她會覺得如果跟一個男人的關係也循規蹈矩地發展，相當於還停留在小時候的狀態，跟爸爸媽媽沒有分開。因此，她需要通過大尺度地突破規則，來實現自己跟原生家庭的分離。

從這個角度而言，如果我們小時候處在某種不健康的環境中，長大後可能就會通過跟這種不健康的方式完全相反的另一種不健康的方式，而不是恰當的方式，來滿足自己的需要，或者是獲得自己的獨立性。我們應該為孩子提供什麼樣的成長環境，可能是每個家庭都需要思考的。

厭惡學習，厭惡工作

有的人初中和高中的時候學習非常勤奮，但是上了大學之後就不喜歡學習了，主張60分萬歲。對此，心理動力學的解釋是這樣的：一個人當年如此認真地學習，是因為家裡的要求。長大後，就厭惡學習甚至厭惡一切正經的事情，包括厭惡工作，實際上都表示他要遠離那個家庭。所以父母過度地在孩子小時候強調學習的重要性，可以說是為孩子以後厭惡工作做精心的準備。

可見，要破壞一個人對某件事情的興趣，我們可以不斷地對這個人強調這件事情的重要性。人類經常做的一件傻事就是，給自然而然的東西賦予一些非自然的意義，把來自一個人內心的天然動力，變成來自外界強加的。

假慈悲

自我功能的抑制，會導致判斷力的下降。

一個犯罪分子的罪惡已經到了十惡不赦的程度，然而還是會有一些人同情他，認為這個人也是可以改變的。這就反映出一種虛偽的天真和慈悲。

對此，心理動力學的解釋是：如果判斷一人十惡不赦，就表示是對這個人巨大的攻擊。所以，他們反向作用式地讓自己對這樣的人充滿同情。其實，這是無視客觀事實。

第 11 章

防衛之六：退行與昇華

醫師這樣說

- 在網路遊戲裡，人會有一種無所不能的控制感，這可以彌補他在現實中的無力感。
- 一個人越能把本能的驅力昇華或者象徵化，就越能活得有成就感和幸福感。

退行：不成熟的防衛機制

退行是佛洛德提出的心理防衛機制，是指人們在受到挫折或面臨焦慮、應激等狀態時，放棄已經學到的比較成熟的適應技巧或方式，而退行到使用早期生活階段的某種行為方式，以滿足自己的某些欲望。這種防衛機制在生活中很常見。

可以說，退行是一種不成熟的心理防衛機制。比如人的心理已經發展到比較高的伊底帕斯期，但是在遇到某種創傷的情況下，退回到比伊底帕斯期更早的口欲期和肛欲期。

經歷地震災難的人對煙和酒的消耗量大大增加。從精神分析的角度來看，經過地震這樣的創傷性事件，他們可能會退行到用口腔滿足他們的欲望，以及用口腔與外界聯繫的階段。因為早年，我們是通過口腔與媽媽進行連接的，具體來說就是用嘴唇與媽媽的乳頭連接。

生活中的退行表現

生活中，我們有時候看到一個本來已經很成熟的人突然變得很幼稚，表示他退行了。有這樣一個玩笑，說如果一個女人把自己的髮型弄得比她實際年齡年輕十幾歲的話，表示她經受了精神刺激。

生病也可能是一種退行的方式。

進食障礙是嚴重的退行，包括神經性厭食症、神經性貪食症，還有肥胖症。神經性厭食症是少數可以造成死亡的身心疾病。

經典歌曲《昨日重現》（Yesterday Once More），是木匠兄妹合唱團演唱的歌曲，木匠兄妹合唱團由著名的歌手凱倫·卡本特（Karen Carpenter）與她哥哥理查·卡本特（Richard Carpenter）組成。令人惋惜的是，凱倫·卡本特就是因為神經性厭食症去世的。

進食障礙的發病原理是：早期階段的一些創傷隱藏在某個地方，到了青春期或成年之後，因為沒有足夠的恢復而退行，或者固著到口欲期，於是就產生了嚴重的口欲期問題。

進食障礙是一種治療難度很大的疾病，門診的個體治療基本上沒有什麼效果，需要住院進行綜合治療。綜合治療包括精神分析的個體治療、小組治療、家庭治療、行為主義治療、藝術治療，甚至藥物治療等。即使進食障礙被治好，患者還有復發的可能性，也就是說一個人一旦患上進食障礙，他可能終身都要與吃和不吃的欲望做鬥爭。

有一些文學作品，像傑克·倫敦（Jack London）的小說《熱愛生命》，史蒂芬·褚威格（Stefan Zweig）的小說《象棋的故事》，都描寫了一個人在非常惡劣的情況下產生退行的例子，具體來說就是退行到口欲期或者肛欲期。

一個人退行到口欲期的具體表現是過度運用嘴巴，包括吃、喝，以及過度言說，而且說的內容可能空洞無物，對他人可能會導致傷害。我們都有這樣的經歷，他人沒有對我們實施暴力，但是他們不斷地說，把我們說得心煩意亂。從內心或者關係的角度來講，退行到口欲期就是對周圍的人或事物有過度的依賴，即有嬰兒對母親般的依賴。

一個人退行到肛欲期，他在人際關係中的表現是過度控制。《象棋的故事》和《熱愛生命》裡講的兩個男人，在經歷災難性的事件之後，變成了對環境過度控制的人。不過，他們的心理發展階段已經到伊底帕斯期——對環境沒有那麼多控制，而是對自己有過多的控制。

別硬撐著，讓有限退行幫助你

(1)有限退行是心理治療的基礎。

心理動力學取向的心理治療必須建立在來訪者有一定程度的退行之上。如果來訪者沒有足夠的退行，那麼心理治療是不可能起作用的。也就是說，一個人如果硬撐著，他總是認為自己對自己的分析可能比治療師更高明，他到治療師那兒去不是因為自己弱小而尋求一個更加強大的人的幫助，而是去向治療師展示他自己對自己的分析比別人對他的分析更加清楚明白。這樣的來訪者是不可能被精神分析治療的。

所以，一個精神分析師在跟來訪者初次打交道的時候，任務之一就是要促進他有限地退行。

曾經有一個比我大十來歲的位高權重的男性想找我做心理治療，他說他不願意到醫院來找我，而要在咖啡館裡跟我談話，我堅決地拒絕了。因為我覺得他不願意到醫院來找我，就表示他不願意退行，在這種情況下給他做治療，不會有效果。

最後經過協調，這個來訪者還是來到了我的治療室，不過他是穿著網球服、網球鞋，拿著一個網球拍走進我的治療室的。他一進來，就把網球拍放在我的桌子上，對我說：「我順便來看看你。」

我聽了之後的反移情就是他沒有把我當回事。一個來看心理醫生的人如果沒有把心理醫生當回事的話，直接等於他沒有把自己的問題當回事，更嚴重地說，他根本就沒有把自己的內心世界、精神生活當回事。

坐下後，他當著我的面分析他自己，顯得他對自己分析得很清楚。但是我們都知道，如果他真的把自己分析得很清楚，他就不會有那麼多的人生困擾和情緒方面的問題。而且，他穿著如此隨意的衣服，以及告訴我他是順便來看看我，這本身就是一種對治療的忽略或者阻抗。

跟他聊了差不多40分鐘後，我對他說：「你的情緒問題實際上非常嚴重，我希望你能在我這兒做一個短程的，不超過40次的精神分析治療。」他歎了一口氣說：「唉，哪有這個時間啊。」也許因為他的年齡比我大，他無法在我面前退行，但心理治療必須在有限退行的狀態下才能進行。

(2)有限退行是為了更好的進步。

有一個女學員告訴我，她老公一年三百六十五天，肯定有一個星期的時間會感冒，在感冒期間，他不下床。其實她老公的感冒症狀不是太嚴重，但是除了上廁所，他都在床上待著，而且還要她端茶送水。

這個女學員問我：「一個大男人像女性來月經一樣折騰幾天，到底是好事還是壞事？」

我說：「如果他一年中僅僅7天是這個樣子，其他時間都生龍活虎，該幹嘛就幹嘛，為什麼不可以呢？如果你認為不可以，那就讓他把這一個星期的糟糕狀態平均分配到一年中的其他日子，變成一個一年到頭都萎靡不振的人，你覺得這樣可以嗎？」

她說：「那我寧可他一年中只有7天短暫的、程度比較高的退行。」

我說：「我也覺得這樣更好。」

可見，有時候退行是為了更好的進步。

有些成年人把自己的業餘時間都花在網路遊戲上，這實際上是一種典型的退行，因為相對於豐富多彩的現實世界，網路遊戲的空間畢竟是比較狹隘的。而且網路中有很多事情都是自己說了算，在網路遊戲中，人會有一種無所不能的控制感，這可以彌補他在生活中的無力感，或者說他對現實生活把控上的無力感。

現實生活中，有很多不同的人、不同的事情，需要我們有足夠成熟的自我功能去處理。如果自我功能不足以處理這些事情，我們就會讓自己沉溺於比較狹隘的網路空間，在裡面享受自己是國王一樣的無所不能的感覺。這在某種程度上是巨大的退行，甚至已經退行到嬰兒期。

需要解釋一點，在一切行為中，可能包括好幾種防衛機制的綜合應用。比如，整天玩遊戲可能是退行，可能是攻擊性的轉移，可能是對現實的否認，也可能是對愛恨情仇的隔離，還可能是對現實中其他人的攻擊性的見諸行動。

促進有限退行的技巧

(1)把窗簾拉上。

關於退行，有一件趣事。有一次我去上海，見到一個女性治療師，我們是很好的朋友，我對她說：「我上次到上海，沒跟你打招呼，對不起啊！」她說：「你到上海來不用跟我打招呼，因為我的病人會去聽你的課，我自然就知道了。有一次我的病人去聽了你的課，當他再次進入我的治療室，直接走到窗戶邊把窗簾拉上，一邊拉一邊說光線太強，不利於退行。」

(2)治療師的躺椅。

治療師的躺椅，在精神分析中是有象徵性的。來訪者躺在躺椅上，治療師坐在來訪者後面，這樣治療師可以看到來訪者的一舉一動，而來訪者看不到治療師。佛洛德認為，治療師這種隱身的狀態，也就是來訪者看不到治療師的狀態，是可以促進退行的。

躺下來是可以促進退行的。只要是住過學生宿舍的人可能都有這樣的經歷：在學校強制性關燈之後，大家可能還會談很長時間，這時候談的內容可能跟理性關係不大，更多的是情感層面的。

所以從臨床角度來說，如果一個來訪者過度理性，滿腦子都是學術術語、哲學思想，讓他躺下來也許可以促進他的退行，他情感深處的東西可能會流露出來。

(3)我絕不去關那扇門。

一個男性治療師，40歲左右，他的一個來訪者是位高權重的人。兩個人一起進了治療室，坐下來後，發現門沒有關，男治療師率先說：「你覺得我們是開著門談比較好，還是關著門談比較好？」60多歲的來訪者看看那扇門，說：「我覺得還是關著門談比較好。」男治療師說：「我也覺得關著門談比較好，但是我絕不去關那扇門。」

對這個60多歲的來訪者來說，幾十年來，可能沒有任何人敢對他用這種口氣說話。他盯著治療師看了幾秒鐘，最後站起來去把門關上了。

這是一個意味深長的舉動，治療師以對待其他來訪者的方式，對待這個在治療室外位高權重的來訪者，就把他擁有的地位和權力關在了門外。他們之間的關係變成純粹的醫患關係，使治療師獲得了能夠幫助這個來訪者的能力。

我們不妨仔細體會一下：這個來訪者在外面的確是位高權重的，但是在他心裡一定有一個沒有長大的孩子，否則他不會尋求治療師的幫助。他是不知不覺地帶著他的權力和地位，進了治療室。

如果他一直帶著權力和地位，那麼治療師就無法幫助他。治療師用誰關門這種方式顯示了自己內心的強大。雖然這個來訪者60多歲的自己會覺得受到了冒犯，但是他內心那個長不大的自己會覺得：我終於找到了一個強大到足以使長不大的我長大的治療師。

過度退行可能會讓治療中斷

有限退行是心理治療的基礎。但是，如果來訪者過度退行，也可能對治療造成很大的干擾。過度退行是指來訪者無法維持與治療師之間成人與成人的關係。比如，來訪者在治療師面前過度地撒嬌。

此外，當一個人面臨一些沒有辦法解決的現實衝突、人際關係問題的時候，他可能會過度退行，即退回到自己的早年。這種人的常見做法是：隨便碰到一個什麼人，或者是在跟朋友聚會的場合，一開口說的就是自己過去如何。話說「好漢不提當年勇」，「好漢」應該能夠面對現在的衝突，而不是永遠把注意力放在自己曾經的輝煌上。

我的個別來訪者，他們在我面前過度退行，表現得永遠都像四、五歲的孩子，可能是因為我自己對這種關係控制得不太好。我盡了很大的努力，還是不能使他們從過度退行的狀態中走出來，所以，最後的結果可能是治療關係中斷。

延伸閱讀

分辨來訪者的心理發展階段不是件易事

當一個來訪者出現在我們面前的時候，如何分辨他究竟是心理發展已經從比較高的階段退行到比較低的階段，還是他本身就處於比較低的心理發展階段？

有一次我們討論一個案例，由一個德國的治療師做督導。我們花了很長時間爭論某個來訪者究竟是發展到了伊底帕斯期後再退回到肛欲期，還是一直在肛欲期，沒有發展到伊底帕斯期。最後的結論是：這個來訪者有一部分發展到了伊底帕斯期，但是也退回來了一部分；還有一部分心理狀態仍然在肛欲期，根本就沒有走出來過。

要分辨來訪者處於哪一個心理發展階段，需要對來訪者的整個生命歷程進行詳細的瞭解。有時候，真的難以分辨。不過從具體的治療來說，治療師有時候不需要分辨得太清楚，就像一個人是從房間出去之後再回來，還是他根本就沒有從這個房間出去過，實際上從當時的狀況來看都是一樣的，即他此時此刻還待在這個房間裡。

昇華：成熟的防衛機制

有人說，昇華是唯一成熟的防衛機制。

我不太喜歡成熟的防衛機制和不成熟的防衛機制這樣的分類方式，我更願意說神經症性的防衛、非神經症性的防衛。因為成熟和不成熟有褒貶的味道，給人一種感覺：好像不應該使用這樣的防衛機制，如果使用了這樣的防衛機制就表示不好。我更願意描述防衛機制本身，而不願意對防衛機制做出成熟或者不成熟、好的或者壞的這樣的評論。

昇華和象徵化在很大程度上是一回事。昇華是把原始的攻擊性或原欲上升到更高的水準，自我完美地解決本我和超我之間的衝突，並且能夠與社會保持和諧。在佛洛德眼裡，所有藝術形式都是昇華的表現。

有的孩子拉大便之後，如果沒人管他，他會玩大便，有時候可能還會把大便放到自己的嘴巴裡。佛洛德解釋說，大便是孩子這輩子製造的第一件藝術品，因為自戀，所以他想跟這些大便保持比較密切的聯繫。

我們再來看看孩子小便之後的情形。有的孩子會用腳把小便撥開，讓他的小便佔據更大的位置，這也是滿足自戀的一種形式。這樣的欲望在成年後會昇華成買更大的車子、住更大的房子。成年後擁有的這些東西，實際上是一個人嬰兒時期欲望的放大，本質上它們是一樣的。

有人會說，唱歌是原欲聲音方面的昇華；當外科醫生是殺人欲望的昇華，本來想直接在人身上捅刀子造成這個人的死亡，但是外科醫生在病人身上動刀子是為了拯救病人的生命；當兵或者當員警是攻擊欲望的昇華；做心理醫生是偷窺欲望的昇華，因為心理醫生可以聽到別人很多秘密，尤其是做精神分析治療的治療師，探索的是人類心理世界最深層的部分；畫家是塗抹大小便欲望的昇華。

對一個社會來說，如果足夠正義和公平，大家都能在昇華或象徵層面來表達攻擊性，就是文明的社會。一個社會如果要通過暴力、戰爭、監禁等方式來表達攻擊性，就是不文明的社會。

閱讀，原欲和攻擊性的雙重昇華

閱讀是被社會認可的昇華方式，是原欲和攻擊性的雙重昇華。「書中自有顏如玉」，意思是說在閱讀的時候，有與性有關的快感。某些自我功能好的來訪者，會把他們閱讀的快感隱隱地等同於性的快感，所以他們會得一種叫「閱讀不能」的疾病。很多孩子很小的時候就養成了閱讀的習慣，這實際上是把他們愉快的注意點從自己身體的某一部位轉移到了精神愉悅上。

有一位朋友，她最大的快樂來源就是閱讀。如果讓她在昏暗的路燈下等人，等人的過程中她一點都不會焦慮，因為她可以拿著一本書閱讀。她到某個城市去講課，業餘時間她一般都去逛書店，每到一個城市她都會買很多書帶回家。

通過閱讀，我們可以獲得更多的知識。對知識的佔有，在象徵層面和對土地的佔有、對異性的佔有本質差不多，但是很顯然，對知識的佔有是一種更能讓社會接受的方式。對知識的佔有量越巨大，越可以讓自己在跟別人的對比中，獲得自戀的滿足，這種自戀的滿足是被社會允許並且被社會讚許的。

對社會或者國家而言，如果全民備戰，顯然表示這個社會或者國家處在非常糟糕的狀態中，因為每個人都在準備釋放最原始的原欲和攻擊性。但是，如果變成全民閱讀的狀態，顯然是這個社會或者國家處在更文明的發展階段的標誌。

可以將不利轉化為有利

最近幾年，我講課非常多，也就是說在過去幾年裡，我非常多地使用了我的嘴巴。如果開玩笑地說，這可能是退行，即我的心理發展階段已經退行到口欲階段。但是假如我如此喋喋不休地講話，給聽的人帶來愉快，更重要的是給聽的人帶來知識，或者是成長方面的收穫，這就是昇華。因為這是被社會允許的，而且沒有給其他人造成傷害。

在德國，心理學家們曾經調查過不同職業人群縱火欲望的大小，他們發現消防隊員的縱火欲望最強。從昇華的角度來解釋，消防員本來就有縱火的欲望。如果他們直接滿足自己縱火的欲望，會受到法律的懲罰，所以他們昇華了：從事消防這個職業。城市的任何地方著了火，他們都會開著消防車去滅火。某種意義上，滅火和放火是一回事，都是玩火。

有一次，一個有強烈攻擊傾向的男性去著名的催眠師米爾頓．艾瑞克森（Milton H. Erickson）那裡看病，他需要治療的症狀是不可遏制的攻擊性的衝動。艾瑞克森直接給了他一個建議：你去當員警吧。這個人真的去當了員警，穿著制服、拿著槍，在街上巡邏，抓犯罪分子。

艾瑞克森這招非常高明，直接把這個人內心對他人的攻擊和控制的衝動，變成了這個人的職業。當員警，他既可以通過這個職業滿足他攻擊的需要，又可以獲得養家糊口的收入。最後，這個人成為一名優秀的員警。

我有一個很要好的男性朋友，他長得牛高馬大，很有力氣，年少時是江湖一混混。那時他整天喝酒、打架、欺負別人。他18歲那年去當了兵，在部隊接受了很嚴格的教育。從部隊出來後，他好像變了一個人，在街上碰到跟他曾經一樣的江湖混混欺負別人時，他肯定會打抱不平。因此，他多次獲得他所在城市政府頒發的見義勇為獎。

這就是典型的把本來很糟糕的、有反社會人格傾向的攻擊性，昇華成了對他人、對自己、對社會有利的攻擊性。

不要昇華過度、過早和不夠

當然，我們可能會存在這樣的問題——過度昇華、過早昇華、昇華不夠。

比如，讓幾歲的孩子花太多的時間和精力去做與琴棋書畫有關的事情，可能是過早昇華和過度昇華，因為這有悖於自然的天性。孩子應該遵照人類成長的自然進程，在這個年齡有更多的身體方面的運動。身體方面的運動能直接表達他們的攻擊性，而我們讓孩子過早、過度文雅了。

用孔子的話來說就是「文勝質則史，質勝文則野」，意思是如果一個人的素質裡，文化的部分多於他的本質，這個人就會變得酸腐；如果一個人的本性裡，天然的部分過多地超過文化的部分，這個人就會變得野蠻。很顯然，精神分析要做的工作就是在「文」和「質」之間尋求平衡。

另外，一些中小學削減體育課，甚至在某些特殊的階段，比如高考之前，取消體育課，這實際上是阻止孩子們的欲望以一種昇華的方式表達。這樣的做法可能導致孩子們的欲望昇華不夠，我旗幟鮮明地堅決反對這樣的做法。

美國的一所學校，孩子的自殺率相當高，學校就請了精神分析師傑洛米·布萊克曼（Jerome S. Blackman）去做調查，尋求解決的方案。做了詳細的調查後，布萊克曼給這所學校提了一個建議，讓孩子們多從事文體活動。僅僅這一項措施，就讓這所學校學生的自殺率得到了大幅度下降。

精神分析是一門探索和回答人為什麼活著，以及怎樣活著才是健康的學問。從昇華這個角度來說，人一輩子盡可能地把自己的原欲和攻擊性向外以及昇華，可以避免很多大問題。人越能把本能的驅力昇華，就越能活得有成就感和幸福感。

第 12 章

防衛之七：外化、間隔、凝縮等

醫師這樣說

- 一個人越能承受文化的差異，越能承受人與人之間的差異，他的人格的健康程度就越高。
- 「爽透不能型」防衛機制—善始善終地做一件事情會給一個人帶來很多愉快，但是他覺得自己不配得到這種愉快，所以在這件事情還沒有完成的時候就終止它。

外化：把自己的體驗變成別人的體驗

使用外化防衛機制的人，會把自己的某種體驗變成別人的體驗。比如，一個來訪者告訴治療師：你也許會認為我是一個非常糟糕、道德敗壞的人。這可能會讓治療師覺得奇怪：你什麼事情都沒跟我說，就覺得我會認為你是一個糟糕的人，一個沒有道德的人。於是，這個來訪者就會告訴治療師他做了如何糟糕的事情。

實際上，治療師認為這件事情糟糕的程度，與來訪者認為的糟糕程度完全不一樣。治療師可能覺得沒什麼，但是來訪者認為治療師會因為這件事情而指責他。顯然，來訪者把自己針對自己的攻擊和內疚，投射到了治療師身上，認為治療師會指責他。

這樣的人，在某些時候可能會變成反社會人格的人。他們如果做了超我不允許的事情，可能會把指責投射給外界，認為社會或者他人對自己有攻擊。作為反擊，他們可能會報復社會和他人。

抵消和儀式：事情好像沒發生過一樣

抵消和儀式，意思是一個人做了一件超我不允許的事情，然後再做另外一件事情，以抵消做的這件違背超我的事情，從而在感覺上維持了平衡，就好像自己根本沒做過這樣的事情。

男性和女性使用抵消和儀式防衛機制的形式不同。

男性的表現形式是跟一幫朋友喝酒，酒後肆無忌憚地釋放自己的攻擊性，想說什麼就說什麼，有的人可能還會出現軀體暴力。但是，第二天酒醒之後，男性往往會覺得非常自責和內疚。喝酒和表達攻擊是一種儀式，自責和內疚是這種儀式的下半部分。出現自責和內疚，是用來抵消他前一晚喝酒時肆無忌憚地釋放攻擊性。

女性的表現形式是害怕自己長胖，一直節食，但是又受不了美食的誘惑，於是對自己說：我今天大吃一頓，從明天開始減肥。結果真的大吃了一頓，之後覺得非常內疚和自責，她認為內疚和自責可以抵消暴飲暴食行為帶來的後果。

不過，也許加菲貓使用的是更加高級的防衛機制，它的名言之一就是——我現在一定要吃點東西，而且要吃飽，要不然沒有力氣減肥。

逆轉：攻擊弄反了方向

本應向外的攻擊變成向內的攻擊

攻擊轉向自身是本來應該向外的攻擊變成了向內的攻擊。

攻擊轉向自身這種防衛機制之所以重要，是因為在所有自殺的案例中，都有攻擊轉向自身的防衛機制在起作用。也就是說，因為別人的錯誤，而對自己生氣，甚至生氣到可以把自己殺掉。這是憤怒無法正常地向他人釋放的典型表現。

有一個男人在不久前自殺了。因為有人欠了他很多錢，他去找別人要，別人說沒有。後來他又去要，別人把他罵了一頓。他再一次去要，別人把他暴打了一頓。回來之後，他就服毒而死了。這是典型的把攻擊轉向自身的表現。

本應向內的攻擊變成向外的攻擊

逆轉的防衛機制還有一個表現形式：本來應該向內的攻擊，變成向外的攻擊。比如，一個人做了比較糟糕的事情後，不是自責，而是覺得別人做了對不起他的事，都是別人的錯。

小時候，一次非常重要的考試，我媽媽一大早就開始叫我起床，但是我一直都起不來。等我終於起床了，一看時間，我發現肯定會遲到。當時，我有很多向內的攻擊，但是我通過逆轉的防衛機制，把攻擊給了媽媽。

我說：「你為什麼不早點叫我？」

媽媽說：「我叫了你啊。」

然後，我就說：「你為什麼不大聲叫我，多叫我幾次。」

這是用自己的錯誤來懲罰他人。不過，有個人說過一句很漂亮的話：對別人生氣，相當於自己吃毒藥而想別人死。從某種程度上來說，這又是攻擊轉向自身了。

間隔：不能讓自己太爽

間隔，意思是一個人如果善始善終地做一件事情會有很多愉快的感覺，但是他覺得自己不配得到這種愉快，所以在這件事情還沒有完成的時候就終止它。

我給間隔取了一個大家容易理解的名字，叫「爽透不能型」防衛機制，即不能讓自己太爽了，太爽會覺得不好意思，會覺得內疚。

布萊克曼舉過一個例子。

一個女人一直跟一個男人約會。有一天，他們約好一起去裸泳。裸泳完後，她的男朋友邀請她去他家裡做愛，但是這個女人堅決地拒絕了。

第二天，這個女人把這件事情告訴了她的治療師。治療師的解釋是：也許你是害怕有了裸泳這樣的開頭，如果再以做愛結束，整個過程會讓你過分快樂，而你的內疚感不敢讓你如此快樂，所以你拒絕了去男朋友家裡做愛。

在這個案例中，如果這個女人僅僅是跟男朋友吃一餐飯，飯後她的男朋友要求去房間做愛，她堅決拒絕，這是沒有問題的。但是，他們是去裸泳，這已經有強烈的性色彩，她沒有讓這件有強烈性色彩的事情順理成章地有一個自然的結果，而是強行中斷了，所以我們有理由認為這是使用了間隔的防衛機制。

一九九四年，我從德國去美國看我的哥哥和我的大學同學，在那裡待了兩個月。兩個月的時間裡，因為有點無聊，我就去學駕駛。我每天從布法羅（Buffalo）開車到40公里外的世界第一大瀑布——尼亞加拉瀑布。很快，我就拿到了美國的實習駕照。

有一天，我預約了換正式駕照的考試。我哥哥那天要去上班，他對我說：「你今天下午絕對不可以去參加考試。」

我當時覺得很吃驚，說：「為什麼呢？」

他回答說：「因為我不能去。」

我說：「是我去考啊。」

他說：「我怕你出安全方面的事情。」

我說：「我是成年人了，我一個人去考試沒問題的，沒人陪也可以的。」

但是，我哥哥還是堅決地不允許我去參加考試。我用盡了一切辦法都不能說服他，最後我沒有去參加考試。

大家不妨體會一下，我當時那種可以善始善終完成一件事情的過程被強行中斷的憤怒的感覺。之後的一年，我只有美國的實習駕照，不能在美國獨立開車。到了一九九五年，我回國了，我們單位有自己的車，我可以開車，但是因為那一次創傷性體驗事件，我對開車感到厭惡。直到去年，我才拿到了自己的駕照。

我哥哥以安全為理由，阻止我考美國的駕照。如果我是我哥哥的治療師，我可能就不會那麼生氣。我會這樣給自己解釋：我那種流暢的快感被終止的感覺，其實是他自己的。我對他非常瞭解，我知道他也是這樣對待自己的：在某件事情上，他不會讓自己獲得完整的快樂，這跟他和我共同的早年經歷有關係。

小時候，如果我們開一瓶罐頭，打開後，流暢自然的程式應該是直接吃掉它。但是，我媽媽不允許我們這樣做，因為在吃之前，她需要反覆檢查罐頭的瓶口是不是有破碎的缺口，以免我們把破碎的玻璃渣吃到肚子裡，造成生命危險。

本來是完整的打開罐頭、吃罐頭的過程，被分割成兩部分：打開罐頭的過程，吃罐頭的過程。本應該是完整的快樂，卻被玻璃渣的危險切割成了破碎的快樂。

有的人在追求一個目標，或者獲得某一種幸福的過程中，經常半途而廢，為什麼呢？很可能就是間隔的防衛機制在作怪。

凝縮：對抗自己的焦慮

凝縮，就是把很多東西壓縮成一個體積很小的東西。

我剛進入心理治療領域的時候，首先接觸的是精神分析，慢慢地接觸到了人文主義、行為主義、催眠、格式塔理論，以及認知方面的理論。現在回想起來，也許是因為這些知識讓我覺得很焦慮，所以那時候我一直都在思考一件事情：能否把所有心理治療的理論整合成一個整體。

現在，心理治療的發展方向肯定是整合趨向的。但是在那個時候，我以非常貧乏的專業背景和經驗想做一件整合的事情，實際上是因為面臨如此之多的學派我內心感到焦慮，把它們整合起來是我想對抗自己的焦慮。20多年後，我已經不太想整合所有的心理治療流派了，我更多的是想在某一個領域裡更深地鑽研。

有些人在面對東西方文化衝突的時候，他們也在想如何把所有文化都整合起來。實際上東西方文化各有所長，各有所短，我們接納這樣的差異，可能會讓這個世界和我們的內心變得更加豐富多彩。

換句話來說，一個人越能承受東西方文化的差異，越能承受人與人之間的差異，他的人格的健康程度就越高，他就有可能使用更高級別的防衛機制來替代凝縮。

有這樣一個現象，有人不斷地把人類近期偉大的科學技術上的發明創造歸功於中國傳統的哲學思想。比如，他們經常說的話就是：我們現在想到的某些東西、造出來的某些東西，實際上我們的老祖宗早就想到了，只不過他們沒有直接把它們做出來而已。這實際上使用的是凝縮的防衛機制，也就是現代新創造的事物跟過去的事物反差如此之大，讓他們覺得非常焦慮，所以他們需要把古今中外的東西混為一體。

當我們不使用凝縮的防衛機制時，我們的態度可能就是：幾千年前的祖先們說的是一回事，我們現在的發明創造是另一回事。當然了，沒有祖先在前面打基礎，我們也不可能會有今天的進步。正如唐納德．威尼科特（Donald W. Winnicott）所說的：沒有繼承，就不會有真正的創造。

閒聊：
不知為知之是為價值感

閒聊，意思是一個人本來不知道某種知識，但是他使自己顯得知道，以提高他的價值感。

比如，遊客在某地叫車，假如計程車司機並不瞭解某地區發生的事情，卻跟遊客說發生了什麼事情，就好像他親眼看見一樣。他在聊這些事情的時候，顯得他親臨其境，其實可能是為了提升自己的價值感。

第 13 章

從原生家庭的愛恨談抵消和儀式

醫師這樣說

・父母對孩子適當的恨，實際上是對孩子有好處的。
・活著實際上是一門專業。

對孩子的愛，能抵消對孩子的恨嗎

愛孩子的同時，我們都會恨孩子

如果我們說天下的父母都愛孩子，估計所有人都會同意，但是如果我們說天下的父母同時也恨孩子，估計會引起很多父母的憤怒，因為他們從來都不會在意識層面感覺到他們會恨孩子。當然，有些父母可能會感覺到自己對孩子的恨，恨孩子的不聽話、不爭氣，恨孩子對自己的健康不負責任。如果父母意識不到自己恨孩子的部分，他們可能就不會有內疚的感覺。

說到「恨」字的時候，很多人都認為它是一個壞東西。但是，父母對孩子適當的恨，實際上是對孩子有好處的。很多父母只能感覺到對孩子的愛，而不能感覺到對孩子的恨，所以他們在跟孩子的關係中會肆無忌憚、為所欲為，結果孩子被折磨成了人格障礙，或者精神病。這是非常糟糕的情況。

舉一個父母恨孩子恨到想讓孩子生病的例子。

他媽媽在護士辦公室所做的事情，讓我強烈地感覺到這個媽媽內心非常希望孩子有病。從某種意義上來說，孩子都是為媽媽生病的。

我如果有更豐富的經驗，應該不會那麼急於解決孩子的問題，而應該首先調整媽媽與孩子的關係。我急於治療好孩子的問題，就掩蓋了媽媽與孩子之間關係上的問題，而他們關係上的問題會讓孩子持續患上各種各樣的心理疾病。因為一切心理問題都是關係問題，尤其是媽媽跟孩子的關係問題。

這件事情給了我非常深刻的教訓：第一，解決明顯的表面問題是第二重要的，第一重要的是解決親密關係問題；第二，以後哪怕一個人只是來我這兒諮詢5分鐘，我都要留下他的方式，以便於在必要的時候，我能夠聯繫到他。

多年過去了，這一對母子再也沒有出現在我的治療室，但我還是經常想到這件事情：這個孩子怎樣了？這個媽媽潛意識的東西，她自己有了更進一步的瞭解了嗎？

如果這個媽媽對自己製造的跟兒子的關係沒有更多的覺察，這個孩子肯定會有更加嚴重的問題。當然，我希望我的這種預測不是真的。

恨，是為了更好地愛

父母對孩子除了愛之外，還有潛意識層面的恨，這是很多父母察覺不到的。也許，很多父母對這種說法非常憤怒，認為這是在挑撥父母跟孩子的關係。事實不是這樣的，我們讓父母覺察到自己對孩子可能有人與人之間共同的情感因素——恨，是為了更好地愛，而不是為了破壞關係。

拿我自己來打比方，我媽媽非常愛我和我哥哥，由於她所處的環境以及她自己對生活的態度，她這一輩子都沒有好好地享受過生活，她把她幾乎全部的物質、時間、精力都給了我哥哥和我。任何人看到她對我和我哥哥的態度，都會覺得她是百分之百愛我們的。但是，這並不代表她潛意識裡沒有對我們的恨。

如果我們非常健康，遠走高飛，就會讓她在潛意識層面覺得自己被拋棄了，所以她這一輩子都在擔心一件事情——我和我哥哥的身體是不是健康。我們別的方面她真的不擔心，比如學習，她從來沒有因為學習的事情「虐待」過我們。

小時候，我如果不願意去上學，或某一科成績下滑，她從來都不擔心，但是她非常擔心我是不是健康。即使是在現在，我已經這個年齡了，她還是非常擔心我的健康和安全。武漢的冬天非常寒冷，每次我見到她，每次我給她打電話，她都會對我說「別感冒了，別感冒了，別感冒了」，至少要說三、五遍。

有一次，她打電話給我的時候，又說了好幾次別感冒了，然後我就用鼻音跟她說：「媽，我現在真的感冒了，而且非常嚴重，話都說不出來。」而我媽媽在電話裡的反應是哈哈大笑。媽媽的笑給我的感覺是，好像她預言的某件事情成真了。等她愉快地笑完了，又緊跟著來了一句說：「感冒就感冒，別再中風了啊。」

從精神分析的角度來看，這件事很好玩，但是我又覺得有點毛骨悚然。如果真的中風了，那我可能就在家裡嘴歪臉斜、口水長流地躺在床上，這種狀態不是我想要的，所以我跟著我媽媽笑了幾聲，說：「媽，你的嘴巴是很靈的，一般你說什麼都會實現，你說要我別感冒了，然後感冒兩個字就進入我的身體，我現在嚴重感冒。你如果每天再說幾次中風的話，那我肯定會中風的。」

我媽媽的潛意識可能也聽到了我在意識層面的回應，所以她說：「好好好，那我以後不再說了。」一直到現在，她再也沒有提過這個話題。

我媽媽意識層面對我們有很多愛，而且這種愛可以抵消她內心覺察不到的那種希望我們生病的恨。

愛是人生最難的學分

從大的範圍來說，精神分析是一門關於愛的學問，它說的不是愛不愛孩子這樣的問題，而是如何愛孩子。

一個讓人心痛的案例

有一個讓人心痛的案例，我在很多場合都講過。

一個媽媽帶著她19歲的兒子去看病，她對醫生說：「我兒子有以下三個毛病，一是注意力不集中，二是丟三落四，三是情緒不穩。」

醫生給這個孩子做了訪談後，發現這個孩子就是很普通的青春期問題，連精神科的神經症診斷都算不上。於是他對這個媽媽說：「孩子的確是有一些情緒方面的問題，我們做一做系統的心理治療吧。」媽媽和孩子都表示同意，但做了三五次治療之後，他們有兩三個月的時間沒來。

兩、三個月後，媽媽又帶著孩子找到了這個醫生，說：「這段時間之所以沒來，是因為我覺得孩子好轉的速度太慢，就帶他去看了一個腦神經科醫生，腦神經科醫生給他開了抗精神病藥物——氯丙嗪和氯氮平。」

氯丙嗪和氯氮平是用來治療幻覺妄想的，不能治療青春期孩子的一般心理問題。不過，這個做心理治療的醫生並沒有說腦神經科醫生的不對，他只是對這個媽媽和孩子說：「用藥是別的醫生的事情，在我這，心理治療的過程還是繼續進行，也許我們心理治療起了效果之後，藥可以減量，甚至是完全停用。」

媽媽和孩子都同意了，又繼續做了三、五次心理治療，之後又有半年的時間沒來。

再次出現的時候，是一家三口一起來的。孩子頭上纏著繃帶走在前面，媽媽走在中間跟著，後面是一個顯得非常弱小甚至有點萎縮的「小老頭」，也就是這個孩子的爸爸。

進了治療室，媽媽大大咧咧地在沙發上坐下，對醫生說：「醫生，我最近採取了一個徹底的辦法，就是帶我兒子去做了一個腦部的手術——切除胼胝體。」

學會好好去愛孩子

大家都知道，人的大腦分左右兩個半球，連接這兩個半球的是兩億根神經，這個手術就是把連接的部位部分或全部切斷。這個醫生看到孩子的確比以前安靜多了，但是他聽得心如刀絞。這是一個普通的家庭，他們需要節衣縮食很長時間，才能湊齊5萬塊錢手術費，讓他們的孩子去做這樣一個慘絕人寰的手術。我們進一步想一想，這個媽媽在為孩子做這些事情的時候，她能夠覺察到的都是對這個孩子無盡的愛，但是她不知道她實際上在用非常駭人聽聞的方式迫害她的孩子。

這個案例中，我們可能會覺得這個媽媽可恨。如果我們深度共情一下她，又會覺得她很可憐。都說「可憐之人，必有可恨之處」，反過來也是成立的：可恨之人，必有可憐之處。

作為治療師，我們只有能深刻地共情這個媽媽，才能真正幫到這個媽媽和這個孩子。一味地仇恨這個媽媽，不是專業的做法，同時也不可能真正幫到這個媽媽和這個家庭。

還有一點我們也需要注意，這個媽媽對孩子做這樣的事情，她不是意識層面有意的。如果我們深入考察這個媽媽的童年經歷，就會發現她可能在她的原始客體不自覺的層面，被糟糕地對待過，所以她沒有學會如何去愛她的兒子。從這個意義上來說，這個媽媽也是另一個更大背景中的受害者。

這個案例之所以給人非常深刻的印象，是因為它見了血。其實，還有很多案例沒見血，但是慘烈的程度有過之而無不及。

我們談到了父母意識層面和潛意識層面對孩子的矛盾情感體驗，在專業操作上，我們不可以直接對這樣的父母說：原來你們是恨孩子的。這樣說會讓他們更加內疚，而他們為了彌補自己的內疚感，往往會做出更加控制或者傷害孩子的事情來。安全的、更加專業的說法是：「你們跟孩子的關係沒問題，我們知道你們非常愛孩子，你們愛孩子甚至超過愛你們自己，但是，你們跟孩子打交道的方式，也許會導致一個你們不希望的後果。我們可以先來討論一下，在你們的意識層面和潛意識層面，對孩子的期望分別是什麼樣的。」

在所有的家庭災難中，我們不知道誰是受害者，誰是迫害者，如果治療其中的某一個人，實際上不是在治療這個人，而是在治療整個家族鏈。每個家庭都有一個或者幾個精神上的「傳家寶」。幸運的是，很多家庭的「傳家寶」是好的，一代代傳下去，造就了一代代健康的人。不幸的是，也有很多家庭的「傳家寶」是壞的，一代代傳下去，製造了一代代不幸福的人。

我講這個案例的目的，不是要聲討這個媽媽，而是想讓大家知道，僅僅願意愛孩子是遠遠不夠的，我們還要學會如何去愛。

很多父母一輩子都覺得：我做的所有事情，都是在愛孩子。如果我們問問這些孩子，他們可能會覺得父母對自己的愛，全部是以愛的名義實施控制和恨。我不是要挑撥父母跟孩子的關係，而是要通過這個案例讓更多的人知道：學習心理學，實際上是學習怎樣好好活著，怎樣好好去愛，盡可能減少對自己所愛之人的傷害。

第 14 章

防衛之八：替換、合理化等

醫師這樣說

- 孩子習慣性撒謊，一定是在必須撒謊才能好好活下去的場景裡，這是對父母教育方式的呼應。
- 在親密關係中，我們經常利用別人來表達我們的內心風景。

替換：越是喜歡，越不親近

替換是一種常見的防衛機制，也稱為轉移、置換，意思是將對某個對象的情感、欲望或態度轉移到另一個較為安全的對象上，而後者完全成為前者的替代物。比如，你感到跟某一個人親近，卻轉變為親近另一個人。

舉個例子，一個女孩同時認識兩個男孩，她明明對A感興趣，但是她害怕跟A在一起會喚起大劑量的情感，她不能承受這種情感帶來的愉悅感，或許是她覺得不配，或許是她覺得那種愉悅感可能給她帶來道德上的墮落感，所以她會當著A的面跟B親近。

比如，跟B說更多的話，跟B打情罵俏，甚至有一些身體的接觸。在這種狀況下，她跟B的關係會越滑越深，最後他們可能開始戀愛，甚至結婚，有了小孩。也許某一天夜半夢醒後，她突然意識到，她原來真正喜歡的是A，而不是B。不難想像，這個替換對她親密關係的破壞強度。

在金庸的小說《神雕俠侶》中，郭芙實際上非常喜歡楊過，但是她一直不敢承認對楊過的喜歡，郭芙對楊過的喜愛，隱藏得很深。在楊過面前，她總是呈現自己小女孩頑劣的一面，最嚴重的時候，郭芙把楊過的右臂砍掉了。但是，當楊過跟金輪法王拼死搏鬥的時候，郭芙在旁邊非常擔心，這時她才意識到自己是多麼愛楊過，不過太晚了。

過度象徵化：賦予不合理的意義

過度象徵化，意思是賦予一些心理功能以不合理的意義。比如，有些人認為他們的夢對自己的未來有引導作用。有一個男性告訴我，每當他人生中遇到重大事件的時候，他都會夢見多年前去世的父親，告訴他這件事情應該做什麼樣的選擇。每一次，他都按照夢裡父親的指引做出相應的選擇，而且每一次的結果都被事實證明是最好的選擇。

當然，也許賦予夢境引導的象徵意義的做法，在過去起到了好的作用，但是，並不表示夢裡的這種引導永遠都能起到好的作用。因為夢畢竟是我們想法的一部分，如果我們只是把夢裡呈現的潛意識的衝突機械地用在生活中，而沒有對現實做相應的詳盡的考察就做出決定，那麼遲早有一天會出現問題。

幻想／白日夢：持續地想像某些情境

幻想或者白日夢，我估計所有人都曾經使用過這樣的防衛機制，表示一個人持續地幻想一些沮喪的，或者高興的場景。跟精神分裂症的病人不一樣的是，幻想症的病人知道他們是在幻想，或者是白日夢；而精神分裂症的病人處在這種狀態的時候，是不知道自己處在幻想中的。

有時候走在路上，我們可能會發現一個人在那裡自言自語，還自己跟自己笑一笑，這有可能是他在幻想跟自己所愛的人在一起親密的場景。

我們可能還經歷過這樣的情景：跟別人發生爭論，對方說了一句話，你不知道該怎麼回應，當這個人離開了，你會不停地幻想——如果對方那樣攻擊我，我就這樣回應他，讓他無話可說……你會反覆地體會，把他在幻想層面攻擊得無話可說的愉快感覺。

搪塞：為了某個目的撒謊

搪塞也是一種常用的防衛機制，意思是為了某個目的，或者某個原因而撒謊。

有些社交禮儀性的撒謊是被社會允許的。比如，你看見一個女性換了一個新的髮型，或者穿了一件新的衣服，雖然你覺得並不怎麼好看，但作為紳士，你堅定地說「你今天的髮型特別好看，你的衣服很配你」，這是被允許的。

當然，如果習慣性地撒謊很可能是心理問題。特別是孩子的習慣性撒謊，很可能是父母跟孩子的關係存在問題。心理動力學對此的解釋是，孩子一定是在必須撒謊才能好好活下去的場景裡，才會頻繁地撒謊。所以，孩子的這種撒謊可以看成對父母教育方式的呼應。實際上，是沒有人願意天天撒謊的。

有很多這樣的例子，孩子在沒有經過父母同意的情況下，拿父母的錢花，這其實是一種行為層面的撒謊。不過，如果父母把這件事太當回事，對孩子實施嚴厲的懲罰，會固化孩子偷錢的行為。正確的處理方法是，父母跟孩子充分交流，多多關注他，主動詢問他是否需要零花錢，以及零花錢用來做什麼。

原欲壓制：
對性或武斷感到害怕

原欲的壓制是指精神上的壓抑，也就是一個人對性或武斷感到害怕，所以變得依賴或固執。

生活中，我們會遇到很多有依賴人格特徵，或者有固執人格特徵的人，我們不妨從防衛的角度，來深刻地理解他們的內心世界到底發生了什麼。

依賴，與性有關。兩個有獨立人格的人，他們在進行成人之間身體和精神的深層次交流時，如果其中一個人對另一個人有身體或精神上的依附，那麼他們的性關係，實際上相當於那個被依賴的人自己跟自己有性的關係。這跟自慰沒有任何區別。

真正高品質的性關係，應該是兩個有獨立人格的人之間的融合性關係。簡單來說，你跟一個本來在人格上就附屬你的人有性關係，與你跟一個有完全獨立人格的人有性關係，所帶來的樂趣和興奮的級別是完全不一樣的。所以，在你依賴某一個人的時候，其實是在迴避跟這個人有性關係。

從嬰兒層面來理解，嬰兒對父母有精神和身體的依賴，這種依賴可以使父母對嬰兒沒有任何與性有關的聯想或者需要。很多老人變得非常依賴，往往是因為他們認為自己年紀大了，不可以有與性有關的關係，只能對他人有嬰兒般的依賴關係，這是典型的性壓抑的狀態。

一個人變得依賴，也可能是為了抵消一個武斷的人帶給他的危險——你非常武斷，我如果跟你對抗的話，有可能會受到傷害，所以我在你的武斷面前變成百依百順的人，這樣你就不會傷害到我了。

而固執是你不管是什麼樣子，我都是一個樣子，這樣的人顯然沒有為親密的融合性關係做好準備。如果我們要進入一段融合性的親密關係中，我們自己需要有足夠的靈活性。為什麼瀟灑的人可以吸引他人？因為瀟灑的人釋放了一種隨時跟他人融合的靈活性，他們發出的資訊相當於「我隨時準備好迎接你的到來」。

一個人變得固執，這是性壓抑的典型表現形式。

固執也與對他人的武斷的防衛有關。我們遇到一個武斷的人，然後通過固執己見，使自己跟這個人保持距離，這有點以毒攻毒的味道。

想像一下，一個健康的人格，一個趨於完美的人格，到底是什麼樣子？很顯然，這樣的人格不是依賴的，也不是固執的。

我想像的理想的人格是無可無不可，也就是說，怎樣都可以，只要不違背重大的原則，在幾乎所有的事情上都可以保持一定的靈活性。我很神往這樣的人格特徵，但是我離這種狀態還非常遠，這只不過是我理想化的一種狀態而已。

形態學壓抑：總是睡覺

形態學壓抑，也就是一個人一遇到糟糕的事情無法解決就睡覺，讓自己進入潛意識以迴避焦慮。有人曾說：我煩了就睡覺，高興了也睡覺，餓了也睡覺，專注睡覺幾十年，睡覺值得信賴。這表示睡覺作為防衛機制來說，的確可以緩解短暫的、不可承受的痛苦。

向幻想認同：英雄崇拜

向幻想認同，像自己喜歡的英雄一樣行事。這是認同的一種特殊形式，比如你崇拜某個戰鬥英雄，然後你就想變得像他一樣。

一些充滿正能量的影視作品，向大家傳遞了不怕困難、積極向上、助人為樂、勇敢擔當、見義勇為等精神，大家會向作品中的「英雄」認同，在現實中效仿英雄的行為。當然，影視作品中的一些暴力情節，可能會誘導青少年向犯罪分子認同，並做出違法的行為，所以公共電視節目需要一定程度的管制或分級。

向父母潛意識的和意識的希望認同：父母禁止你做什麼，你就做什麼

向父母潛意識的和意識的希望認同，意思是父母禁止你做什麼，你就做什麼，你把他們墮落的願望見諸行動，並且受到懲罰。

我們可以用這種防衛機制來解釋，為什麼在很多家庭中，父母都是很自律的人，辛勤地工作，待人接物非常有禮貌，遵紀守法，但是他們培養出來的孩子，不管是男孩還是女孩，卻變成了跟他們完全不一樣的狀態——不遵紀守法，不勤奮工作，沒有好的人際交往。

從精神分析的角度來看這種狀況，實際上是因為父母內心有很多墮落的，或者是對他人的敵意攻擊，雖然沒有在父母身上表現出來，但是孩子敏銳地覺察到了父母潛意識裡的攻擊，從而代表父母見諸行動。

表面看，我待人接物非常心平氣和，人際關係相當不錯，而憑我對自己的瞭解，我其實壓抑、隱藏了很多的敵意和攻擊，這些沒有在我身上顯現出來。但是，我的孩子覺察到了我對周圍環境和他人的敵意，所以在某一段時間，她顯現出對他人極大的攻擊性，直接導致她

的人際關係越來越差。我估計，她那段時間可能是他們班上人際關係最不好的學生。也許是我對我自己潛意識裡的敵意有了更多的覺察，也許是她自己後來慢慢成長，不需要繼續向我的潛意識認同了，最近一、兩年，她的人際關係變得越來越好。

所以，請所有的父母記住，如果你的潛意識裡有太多沒有解決的衝突，或者你的表面和內心深處有太大的反差，或者你對自己的覺察範圍太小，那麼隱藏在你覺察之外的那些願望、衝動、敵意等，都可能通過你最親的人向外呈現。

簡單來說，在親密關係中，我們經常會利用別人來表達我們的內心風景。表面看來是別人在主動這樣做，實際上有可能是我們的潛意識在幕後指揮。如果我們明白這一點，我相信，我們會給所有我們愛的人、愛我們的人更多的寬容，給他們更多高品質的愛。

向攻擊者認同：成為自己害怕的人

你虐待一個人，因為別人曾經虐待過你，所以你在虐待別人的時候就不會感到痛苦。這就是向攻擊者認同。

這裡，我們用向攻擊者認同這種防衛機制，來講講孩子孝順不孝順的問題。在古代，如果你不是一個孝順的人，那你做什麼事情都會被否認，包括不可能在官場上獲得更高的官位，也不可能獲得其他人起碼的尊重。但是，我覺得把孝順上升到國家的規則，甚至法律層面是不科學的，為什麼？

因為孩子對父母好是一種自然而然的情感體驗，如果把它變成一種強制性的，那相當於把一種很大的力量變成一種很小的力量。這個世界上最強大的力量是自然而然的力量，而不是國家的，或者法律層面的力量。

如果父母對孩子好，孩子就會學習父母這樣的愛的表達，他們自然而然會對父母好，他們可能不具備對父母不好的能力。但是如果父母對孩子不好，不管是精神上的還是身體上的施虐，都會導致孩子無法學習如何對他人好，也無法直接體諒他人的痛苦，表現在行為上，他們就會變成對父母不孝順的孩子。

如果我們還是像以前一樣，直接攻擊孩子不孝順，就說明我們沒有真正理解孩子到底怎麼了。

從精神分析角度來理解，就是父母對孩子不好，導致孩子的不孝順，孩子的不孝順是反應性的結果。也就是說，父母對孩子不好是在先，而孩子對父母不好是在後。

向受害者認同：類似於替代性創傷

向受害者認同，也就是一個人通過容許自己被傷害，或者通過使自己受到傷害，來讓自己表現得像另外一個人，這樣做是作為一種救贖的願望或者是為了竭力擺脫自己的憤怒或內疚。

當一個人目擊一件災難事件時，看到有人喪生，或者身體的某一部分喪失，他就受到了創傷。創傷會有一些具體的臨床表現，比如變得過度警覺，腦袋裡有閃回的畫面或者聲音，這些可能讓他持續地處在某種哀傷之中。

短暫地處在這種哀傷之中是正常的。但是，如果一個人目擊這樣的創傷性事件後，很長時間不能從這種狀態中走出來，那麼他就會成為替代性創傷的病人。也就是說，他把自己認同為在這樣的災難中受傷和死亡的人，他如果繼續做完全健康的沒有受傷的自己，會讓他覺得對不起死難者。所以在情緒上，他要把自己捲入深深的抑鬱、哀傷中，這個過程會持續很長時間。

比如一些戰爭已經過去了幾十年，但是，很多參加過戰爭的士兵，還處在病理性的哀傷中，他們滿腦子可能都是幾十年前戰爭的慘烈圖像。有的人自殺，有的人一輩子沒有結婚，有的人不能正常參加工作，有的人甚至流落街頭……他們就是向受害者認同。

當然，也有很多參加過戰爭的人，他們同樣都目睹了悲慘景象，但是，他們能夠隔離，能夠讓自己在戰後和平的環境裡好好地活著。

向內射物認同：近朱者赤，近墨者黑

向內射物認同，就是使內射物成為自己超我的一部分。這有點像我們常說的「近朱者赤，近墨者黑」。

這是我自己體驗到的一個例子。當我跟嚴格遵守交通規則的人站在路口等待紅綠燈的時候，我可能會嚴格地遵守交通規則，紅燈停，綠燈過。但是，當我遇到一看沒什麼車湊足一夥人就闖紅燈的情況，我也會受影響，甚至跟著他們一起走。

這種行為可以說是「臨時的超我」在起作用，也就是這種超我在一個人的人格裡只是暫時固化，經過時間的洗刷之後，這種超我可能被抹去。

誘惑攻擊者：用色情或奉承誘惑他人

誘惑攻擊者，是通過色情或者阿諛奉承誘惑他人，減輕恐懼。

比如，我們聽到某一對男女親密關係破裂，弱女子在這段親密關係中受到傷害，如果傷害者是位高權重的男人，那麼輿論會一直斥責這個位高權重的男人。

但是，如果在治療室面對這個受害的弱女子，我們就能瞭解到，也許在這個故事開始之初，主動誘惑對方的是這個弱女子。因為可能的情況是，這個弱女子在跟位高權重的男人打交道的時候，心裡想或者說潛意識中想，「如果我跟他有了性關係，他就不會傷害我」。但是，這顯然是潛意識的幻想，並不一定是事實。

隨著兩人關係的深入，這個弱女子可能在關係中得不到她事先想得到的東西，於是開始抱怨，導致兩人關係的破裂。最後，呈現給我們的就是：這個弱女子受傷。

我們這樣分析，並不是為了提供法庭證詞。我們一定要把法律和精神分析分開，法律追究的是後果是什麼樣子，到底誰吃了虧，而精神分析看的是一個人潛意識裡的主動、被動、一些不能覺察到的願望、控制等。

另外，在男性和男性之間，可能會通過阿諛奉承來減輕恐懼。比如，我遇到一個強大的男人，我在他面前如果感到恐懼的話，最好的辦法就是拍他馬屁。這會使我有這樣的想法：我都拍了你馬屁了，你就不可能再攻擊我和傷害我。

在群體裡，對某個人集體一致的稱讚，很可能表示整個集體都在恐懼這個人。無數事實告訴我們，如果通過阿諛奉承來抬高他人，也許在短時間內恐懼會減輕，但是時間長了之後，我們有可能要付出更大的代價。

合理化：
為不合理的行為找藉口

合理化，就是在內心覺得緊張的時候，給自己找一個理由來減輕內心的張力。

比如，我們犯了小錯誤的時候，內心有些焦慮、內疚，然後可能就會找一個理由把這件事情糊弄過去。治療師和來訪者都可能使用這種防衛機制，比如治療師某一次遲到，他可能會以某種理由來為自己的遲到辯白，而來訪者也同樣會出現這種情況。

窮思竭慮：努力思考，避免行動

窮思竭慮，指一個人過度分析，徒勞無益地試圖解決問題。這是我們當年學了幾天精神分析，就經常使用的防衛機制。一個問題來了，明明可以通過現實手段來解決，但是，我們過度地使用精神分析技術，最後使這個問題永遠處在懸而未決的狀態。

可見，很多時候你過度分析，努力想解決問題，實際上是通過反覆地檢閱一些同樣的僵化想法，來迴避對其他想法和感受的覺察。可以說，你通過使自己的思緒像輪子一樣快速運轉起來，只是為了避免一份很熟悉的情感。

逆恐行為：
主動去做恐懼害怕的事

逆恐行為，是指一個人本來內心非常恐懼某些事情，但是故意、主動去做這樣的事情。

一個治療師覺得來訪者的問題比較嚴重，便對來訪者說：「我們可不可以把每週治療的次數，從1次提高到3次？」而來訪者對分析師有非常大的阻抗，甚至是恐懼，但是他輕易地就答應了治療師的建議。但在下一次治療中，這個來訪者開始反悔，他說：「因為時間和經濟雙重原因，我不同意把治療的頻率從一週1次增加到一週3次。」

這也給了治療師一個機會，來分析這個來訪者在現實生活中的其他逆恐行為。

我實際上是一個恐高的人，但是有很多課要講，使我不得不多次乘坐飛機。每次坐飛機我都相當恐懼，每次飛機落地我都覺得又活了過來。我可能需要分析一下，我安排那麼多的課程，是不是逆恐行為的一種表現形式？

理智化：
持續地從事某種病理性行為

理智化，就是一個人被一種特殊的行為理論激勵。

比如，某傳銷理論，你聽了之後可能會熱血沸騰，然後你會堅定不移地相信，如果按照這套理論來做的話，很快就可以發家致富。你在這樣的激勵下，持續地從事某種病理性的行為，給自己和他人製造很多創傷。

第 15 章

防衛之九：幽默、社會化與疏離等

醫師這樣說

- 一種只能感覺到愛的關係，有可能是吞噬性的關係，這對父母和孩子雙方都不利。
- 我們刻意地不認同父母本身就是認同的一種特殊形式。

幽默：很可能是迴避內心痛苦

幽默往往是對內心痛苦的迴避。但是，如果在某一個人幽默的時候，你直接對他說「你之所以如此幽默，是因為你內心很痛苦」，則是一種非常掃興的做法。而更加掃興的，也就是更加反幽默的做法是，在別人幽默之後，你對他說「你好幽默啊」，這可能是對他的幽默的面質。在生活中，我們碰到太多的人，以這種一點都不幽默的方式，來評判別人的幽默。

有人說幽默是最高級別的防衛機制，佛洛德、赫伯特·馬庫色（Herbert Marcuse），都曾經為幽默專門寫過文章，他們認為幽默是智慧溢出來的結果，是人際關係的潤滑劑。

在有衝突的場景使用幽默，可以有效緩解衝突。在心理治療的過程中，幽默是被允許的。當然，如果在心理治療過程中，治療師或者來訪者過度使用幽默，可能就需要面質一下，因為這種情況可能是兩個人都在迴避他們之間的衝突，需要用精神分析來解釋。

具體化：把原因歸結到具體的事上

具體化，是指你停止使用抽象思維，而你本來是具有這個能力的，你認為你和沮喪的關係，不是來自關係本身，而是來自你或者對方大腦裡的某種化學物質失衡。

多年前，我和比我大40歲的德國專家海因茨．克萊特（Heinz klaette）一起談話。我說：「我最高級別的理想就是去最好的腦科學研究室工作，然後在實驗室裡發現主宰我們愛恨情仇的神經遞質到底是什麼。」這位老先生很吃驚地看著我說：「奇峰啊，我真的不知道，你竟然還有如此愚蠢的想法。」

當時我覺得，他這個評論有失公允，但是多年後回過頭來看，我覺得他這個說法是對的。因為一個人如果不是直面自己生活中的人際衝突，而是想通過改變自己大腦裡的某種神經遞質來獲得和諧與寧靜的關係，真的是一種非常愚蠢的想法。

說得絕對一點就是：當我跟別人在一起有太多衝突的時候，我直接服用讓自己變得非常麻木的藥物，的確可以迴避一些痛苦，但是這實在不是一種好的方式。

小團體形成：身處人群中對抗本能衝動

小團體形成，它和社會化與疏離在某種意義上是重疊的。小團體形成的定義是，你身處人群中，對抗你自己的本能衝動。因為本能衝動只能在私密場所完成，如果你處於大庭廣眾之下，你就不會想著自己原來還有如此多的本能願望。

這也是青少年總是成群結隊的原因，因為他們如果獨處就可能面臨自己的欲望的騷擾，讓人非常不舒服。

禁欲：否認和迴避愉快

禁欲的定義有兩個。

一個是對愉快的否認。有的人只要讓自己快樂了，就可能會有道德上的內疚感。比如，享受美食、享受親密關係，或者享受非常好的生活條件，可能都會讓他們不舒服。

另一個是迴避與人交往，迴避愉快。就像我們去什麼地方旅遊，或者去哪家餐館吃飯一樣，首選的不是某個景點的分級、某家餐館的特色美食，而是跟誰去、跟誰一起吃。所以，最後我們玩的物件都是人，而不是物。與人交往可以帶來如此之多的愉快，以至於有禁欲傾向的人會傾向於否認，或者說迴避跟他人的交往，他們可能把自己變成整天宅在家裡不出門的人，陪伴他們的可能就是書籍、樂器等。

當然了，現在很多人在家裡宅著的陪伴者是互聯網。互聯網實際上也是一種跟他人交流的工具，但是通過它交流，跟和其他人面對面地交往，還是有差異的。

人有時候真的是一種奇怪的動物，有不少人有這樣的信念：如果我把自己變得沒有作為人的基本欲望，或者通過克制自己作為人的欲望，就可以讓心靈變得聖潔，長生不死，或者說可以達到某種覺悟。

但是，無數人的經歷告訴我們，通過禁欲來達到覺悟的彼岸是不可能的。釋迦牟尼在成佛之前，花了六年時間在深山老林裡跟苦行僧們一起修行，他想通過這種壓制自己的欲望、折磨自己的身體和精神的禁欲方式，使自己覺悟。但是，後來他發現這種方法不對，所以他離開了那些苦行僧，最後在菩提樹下成佛。

美國作家丹·布朗（Dan Brown）的小說裡幾乎都有這樣的人物，通過虐待自己的身體和精神，使自己處在一種痛苦的狀態中，他們覺得只有在這種狀態下，才能夠內心寧靜，沒有欲望。

小說中描述的自我折磨的程度到了很高的級別，比如有一個殺手穿著有倒刺的緊腿褲子，倒刺紮入肉裡非常疼，而且他每天晚上把褲子脫下來的時候，倒刺對肉的撕扯會製造更大的痛苦，而這些痛苦讓他內心有寧靜甚至是喜悅的感覺。

同性客體選擇：同性夥伴減輕對同性戀的恐懼

你跟同性別的夥伴在一起，通過這種方式小劑量地滿足你同性戀的欲望，這樣你就不會變成真正的同性戀者。這種同性客體選擇的防衛機制，減輕了你對同性戀刺激的恐懼。

我們可以想像，下班之後，有多少男人跟男人在一起喝酒、說笑等，他們這樣做的目的可能是使自己不要成為真正的同性戀者。這有點打預防針的感覺，即我既然已經跟我的同性別夥伴有了這樣的「皮毛」交流，我就不需要跟他們有更深的精神和身體的交流了。

一種情感對抗另一種情感：關注一種而迴避另一種

一種情感對抗另一種情感，這是我們使用得比較多的防衛機制，意思是我們只關注一種情感，另一種情感我們就不管了。

我們家的傳統是非常注重身體健康，注意吃什麼、吃多少，以及跟吃相關的，比如過度迷信某一種食物對健康的影響，或者迷信某一種藥物對健康的影響。

我媽媽學過一段時間醫學，她認為維生素C對一個人的健康有非常大的影響，在我跟其他小朋友玩的時候，她經常會拿一瓶維生素C，倒兩粒在蓋子上，在後面追著我，要我吃了再玩。我當時對這種情況非常憤怒，因為我覺得這會讓我有屈辱感，別的孩子會認為我還是小孩，還過度依賴媽媽。

我那時候的感覺是，只有病人、身體虛弱的人才需要吃藥。雖然我當時對這種狀況非常反感，但是後來我也成了維生素C的崇拜者。在我熬了夜過度勞累，或者過度抽煙喝酒之後，吃維C會讓我覺得抵消了我所做的所有傷害健康的事情，就好像那些事情不再對我的身體產生任何糟糕的影響一樣。顯然，這有一點用藥物來防衛的味道。

我的家人非常注重身體，但我們不太注意別的東西，比如讓自己穿得好一點，或者讓自己有更好的跟他人打交道的能力。

與人打交道的能力，也許在整個環境中，都受到了極大的忽略。不少父母過分強調孩子的學習，或者孩子的安全，而忽略了孩子跟其他人打交道的能力。

有一個快30歲的男性朋友告訴我，他從小大多數時間都被他父母關在家裡，做各種各樣的練習題，不允許他跟其他孩子玩。他快30歲都不知道怎樣跟別人打交道，都還沒真正談過一次戀愛，因為他從小就不知道，該如何跟女孩說話和打交道。這讓他非常焦慮，甚至讓他非常仇恨他的父母。

另外，我們對孝順的強調，實際上也是一種情感對抗另一種情感的防衛機制。我們在強調父母對孩子的愛，或者孩子對父母的愛的時候，卻忽略了父母跟孩子之間也有人與人之間共同的東西，即通過恨來保持自己的個人邊界。

當然，我們說孩子對父母有攻擊，不是為了挑撥兩者之間的關係，而是為了提高他們之間愛的品質。因為一種只能感覺到愛的關係，有可能是吞噬性的關係，這對父母和孩子雙方都不利。

社會化與疏離：合謀打破獨處的困難

社會化與疏離，是指一個人用自己的社會交往能力，使自己遠離痛苦的想法。很多夫妻都有一些衝突，衝突的原因可能是丈夫一天到晚不回家，在外面應酬。丈夫給的合理化的解釋是：人在江湖身不由己。但是，我們真的要問一問，有幾個男人整天不回家，他們的妻子沒有意見的？那麼，到底是誰需要這種「江湖」上的應酬呢？可能都需要。所以，他們就合謀製造了大群的妻子在家裡待著，大群的丈夫在外吃喝這樣壯觀的、有一點分裂的場面。

很多人在家裡獨處或者跟親人相處時，需要面對他們的內心衝突，而面對這種內心衝突是件不愉快的事情，所以他們往往通過人際交往來迴避面對自己內心的真實。

在金庸的小說《天龍八部》裡，蕭峰是一個英雄了得的人物。金庸描述的蕭峰的特點是，整天跟他的那些下屬小兄弟們在一起喝酒吃肉，甚至對女人都沒有興趣。如果我們用精神分析來分析蕭峰，就會發現他也是使用社會化與疏離的防衛機制的人。當然，這並不妨礙他是一個英雄人物。

從被動到主動：你掌控著你的謊言

從被動到主動的防衛機制，說起來讓人非常傷心，可以為它落 300 滴眼淚。如果我們在一個父親有暴力傾向的家庭住一段時間，我們會發現總是被打的孩子很可憐。住了更長時間之後，我們可能會對這個孩子有一種怨恨——你明明知道做了什麼事情之後，你暴躁的父親會打你，那你為什麼不節制一點，不做可能誘導你父親打你的事情呢？因為我們看到的是，這個孩子在反覆地做這樣的事情。

但是，我們如果能夠深度共情這個孩子的處境，就會發現他誘導父親打他，實際上是一種非常聰明的選擇。因為，他不知道什麼時候父親又會打他，等著父親來打是非常恐懼或者說最恐懼的狀態；如果他做一件錯事來誘導父親打他的話，那麼他的潛意識或意識就知道父親會立即打他，並且打得有多重。也就是說，他把自己被動挨打的狀態，變成了他主動操控父親，顯然這種恐懼感要小得多。

所以，受父母虐待的孩子往往會主動激惹父母，與其不知道什麼時候被打，還不如自己先動手，知道什麼時候開始，什麼時候結束。

如果讓這個孩子意識到，原來他是通過主動的方式來控制父親打他，我相信他對自己的狀況就會有更多的覺察。當然要最終解決這個問題，對付父親這樣有犯罪味道的見諸行動，還是需要其他成人的幫助，或者法律的武器。

軀體化：

過度關注自己的身體健康

軀體化的防衛機制，也就是一個人專注於自己的身體，以避免口欲、性、仇恨的衝動導致的衝突。我們會發現，生活中的很多人特別注重一件事——養生。在魏晉時期，那些所謂的風流名士熱衷的事情就是服藥煉丹，但是很多人通過服藥煉丹，讓自己提前死了，根本就沒有達到所謂的養生效果。在現實中，遇到太多不能解決的衝突的時候，開始服藥、煉丹、養生，的確是一件非常美妙的事情，因為這不會製造任何人際間的衝突。

在我們說避免口欲的衝動時，實際上是避免對依賴的恐懼。在我們說避免對性的衝突時，實際上是避免所有與親密、溫暖、創造有關的東西。我們迴避仇恨，是因為內心有太多針對他人的仇恨。

過多地使用軀體化的防衛機制，會為那些以健康養生的名義騙錢的人製造肥沃的土壤。最近幾十年，各種以養生或者健康為名的活動此起彼伏。我估計那些人騙取的資金可能以幾百億，甚至更多的數量來計算。

正常化：
將不正常的現象視為正常的

正常化，也就是一個人不顧自己明顯的精神症狀，而確認自己是正常的。比如，你明明已經在精神上或者狀態上非常糟糕，但是在別人問你「感覺怎樣，最近還好嗎」的時候，你永遠都說「還好啦，可以啦，沒問題啦，跟別人一樣啦」等等。這就是所謂的正常化的防衛機制。

如果你長時間對自己的狀況沒有自知力，有可能需要做心理治療，甚至是藥物治療。

衝動化：用衝動來緩解不良情感

衝動化，是指一個人用性、吃或仇恨等來緩解不愉快的情感。

這種防衛機制很多人可能都用過，我自己也不例外。當我無法緩解內心的一些衝突時，我就會叫上幾個哥們大吃猛喝一頓，然後不愉快的情感就會煙消雲散。有些人可能通過衝動化的購物來緩解內心的緊張，我相信很多女性都使用過這樣的防衛機制。

假性獨立：拒絕任何人的幫助

假性獨立，也就是一個人變成了獨行俠，不允許任何人幫助自己。

青春期的孩子常用這種防衛機制。比如，十二、三歲的女孩或男孩，他們會對別人的幫助非常敏感，認為別人對他們的幫助就是對其能力的貶低，是對其自我邊界的突破，所以他們會採取非常嚴厲的方式拒絕他人的幫助。

病理性利他：非己所能地幫助他人

病理性利他，是過度地、非己所能地幫助他人。

精神分析師認為，如果一個人幫助別人，幫到自己都過得都比別人差，那麼這種利他就是病理性的。精神分析對此的解釋是：我把自己　明的對象看成非常虛弱的人，實際上不是他本身虛弱，而是我把自己的受害者狀態或虛弱狀態投射到他身上，並幫助他。

其實，這是我們在否認自己口欲期的欲望，在我們幫助別人的時候，我們體驗到的是「我被自己滋養了」。所以，這樣的利他，不過是在拐彎抹角地照顧自己而已。

第 16 章

防衛之十：投射性認同

醫師這樣說

- 有些成人，內心的嬰兒還在貪婪地渴望著母親的乳頭，還在貪婪地渴望著對這個世界和他人無所不能的掌控。
- 有的人並不是跟你過不去，而是在用他特殊的或者說原始的方式跟你交流。

投射性認同三步曲

投射性認同是現代精神分析客體關係理論中的核心概念之一。當初梅蘭妮・克萊恩（Melanie Klein）只寫了三百多字來描述這種防衛機制，但僅僅三百多字，就產生了石破天驚的效果。

有人把投射性認同在心理學中的地位，比喻成哥白尼的日心說在天文學中的地位，或者是達爾文的進化論在生物學領域中的地位。由此可見，投射性認同的地位是多麼崇高。克萊恩提出這個概念後，很多人為延伸對這個概念的理解做出了傑出的貢獻，其中貢獻最大的人可能是威爾弗雷德比昂（Wilfred Bion）。

那麼，什麼是投射性認同？

投射性認同與別的防衛機制不一樣，其他防衛機制是發生在一個人的內心的自我保護機制。比如，投射與投射性認同就有所不同。

投射本質上是一種心理活動，並不需要任何外顯反應。我認為你是一個懦夫，這跟你沒關係，是因為我不願意看到自己膽怯的部分，所以把它投射到你身上，我投射之後，你可能根本就不知道。

而投射性認同是一個人誘導他人以一種限定的方式行動或者做出反應的人際行為模式，幾乎是唯一一種發生在兩個人之間的防衛機制。也就說，一個人用這種防衛機制的話需要另一個人的配合。投射性認同分成三步曲，在此我們用A和B分別代表這兩個人來進行說明。

第一步，投射。A把分裂出的自己的一部分投射到B身上。

第二步，誘導限定。A投射的內容誘導B以限定的方式做出反應。

第三步，做出反應。B在誘導下真正做出反應。

比如，我跟某個人打交道，他投射性地認為，我有一個缺點，並不斷地給我製造壓力。在這樣的投射的誘導下，我好像唯一能做的事情就是為自己辯護。在誘導的壓力下，我不斷地為自己辯護，說自己沒有這個缺點，並見諸行動。

投射性認同四大類型

我們一般把投射性認同分成四大類型：依賴的投射性認同、權力的投射性認同、色情的投射性認同、犧牲的投射性認同。有時候我在想，投射性認同其實有無數類型，分成四大類型只不過是做了一個大概的分類而已。

元資訊，英語為「meta-information」，意思是A身上所有的東西，包括語言、表情、姿態等所傳達的資訊。其誘導的反應，是指B的反應。我們這裡所說的類型是以A和B之間的關係命名的。

依賴的投射性認同

依賴的投射性認同，即A傳遞給B的元資訊是「沒有你我活不下去」，B的反應或者說被誘導出來的反應是「我要照顧他」。

比如，我們正在工作的時候，有一個半歲的嬰兒突然出現在我們的場地裡，我們所有人不需要等這個嬰兒哭鬧，可能會馬上停止工作去照顧他。而有些成人身上也可能保留著一些嬰兒的特徵，你跟他打交道的時候，他會向你散發「沒有你我活不下去」的資訊，你只能去照顧他。

有一次，我在講初級精神分析課程，一個坐在我左前方，來自千里之外某高校的專職心理輔導老師說：「我現在在治療一個20歲左右的女大學生。我總是擔心她晚上自殺，所以白天我會跟她談一個小時，晚上我會想著是不是需要打一個電話給她，問她今天晚上的情況好不好。即使我到了千里之外，在聽課的時候我也還是想著這個女孩，覺得她如果沒有我的幫助，可能活不下去。」

每當我停下來問大家有沒有什麼問題的時候，這個心理輔導老師都要問同一個問題：「我如何才能幫助這個女孩？」她連續三次都問了這個問題。

我當時的感覺是，我不得不停下我的課，來處理她跟這個女大學生之間的關係。

三次回答她的問題之後，我感覺我需要對她做一個解釋了。我說：「那個女大學生在跟你的關係中傳遞了這樣的資訊——沒有你的關心和治療，我活不下去。這個資訊甚至是這樣的——我感覺你不是我的治療師，而是我的媽媽，我需要你是一個24小時關心我的媽媽，這樣我才能夠活下去。所以你做出的反應就是每天都在想著這個女孩，而且在千里之外的精神分析課程的課堂上，還在不斷地想著這個女孩。」

這個心理輔導老師把她面對這個女大學生時的焦慮，投射到了我的身上，在我和她的關係中也呈現了她跟這個女大學生之間的關係。也就是，她不斷地散發元資訊給我，「曾老師，如果你不給我出主意的話，我就活不下去」，使得我不得不把我的注意力，從講課的內容轉移到對她的治療的督導上。

從這一點我們推導出一個識別投射性認同的絕招：在某一段關係中，如果你有一種被控制感，不得不做你不願意做的事情，這可能很大程度上表明你處於投射性認同的狀態。

依賴的投射性認同這種情況，多半發生在有依賴型人格障礙的病人身上。非常多見的一個臨床狀況是，一個人如果童年得了哮喘，他成年之後患依賴型人格障礙的可能性會非常大。

我曾經治療過一個30多歲的女性，她是有依賴型人格障礙傾向的病人。他們單位要派她到美國工作，做美國辦事處的主任，但是她拒絕了，拒絕的理由是美國沒有曾醫生。她已經30多歲，但她對心理治療師的依賴，已經到了嬰兒對母親的依賴程度。

統計數字顯示，我們國家有幾百萬兒童哮喘病人。每當氣溫下降的時候，很多孩子因為支氣管哮喘，在兒童醫院接受藥物治療。這些孩子當然需要藥物治療，同樣重要的也要做心理治療。在心理動力學的框架中，一個孩子如果頻繁地哮喘發作，就不僅僅是生物學的問題，還是心理學的問題。

對這種狀態的心理動力學假設是：媽媽對孩子的愛過多，給予的情感濃度過高，以至於導致孩子精神和身體雙重的窒息。所以一個家庭裡如果有兒童哮喘病人，建議整個家庭都去看一看心理醫生，這對治療孩子的哮喘有好處。

權力的投射性認同

權力的投射性認同，即A傳遞或者投射給B的元資訊是「沒有我你活不下去」。這是一種強大的暗示力量，即「你是不行的，沒有我的幫助，你怎麼可能活得下去」。然後誘導B必須表現自己的無能。

這樣的情況我們見過不少。我們國家實行了30多年的獨生子女政策，很多父母都在孩子的身上投射了「沒有我你活不下去」這樣的元資訊，導致很多獨生子女除了學習之外，可能很難有生活、交際和工作方面的能力。有很多讀到博士學位的人向我抱怨說：「為什麼博士之後沒有更高的學位呢？如果有的話，我這一輩子都不會離開大學。」

我們曾經碰到過一些獨生子女，他們整個的狀況可以用「無能」兩個字描述。他們不僅在生活、交際和工作上無能，在學習上也同樣表現出一種無能的狀態。

據統計，中小學學生中，差不多四分之一的人在學習上有困難。但這些人的學習困難，絕大部分不是因為智力問題，而是因為心理健康問題導致的。他們在跟父母的關係中，極大地壓抑了自己在學習上原欲和攻擊性的釋放，導致了他們學習上的無能。我相信，在這一點上心理動力學取向的心理治療師，有很多可以作為的地方。

權力的投射性認同，在企業裡也非常管用。

有一些企業老闆會問我，怎樣調動員工的工作積極性。我會對他們說，你們只要想一想，你們是怎樣跟員工進行投射性認同的就可以了。識別的辦法是，看一看員工是不是處於無能的狀態。換句話說，看一看老闆是不是認為他的員工處於無能的狀態。

如果一個公司的員工處於無能的狀態，或者老闆認為他的員工無能，那麼就有可能是老闆把他內心的無能感投射到了員工身上。老闆用無數的元資訊向員工投射，「如果沒有我這個老闆，你們就活不下去」。

實際上，很多公司的老闆都有這種感覺：我為你們提供了工作機會，我為你們提供了每個月買柴米油鹽的金錢，所以你們應該感謝我。實際上，情況可能會完全相反，是員工創造的多餘的價值，讓老闆變得更加富裕的。

現在的企業家們很重視文化學習，也有一些企業家開始參加各種心理學的培訓。在瞭解他們對心理學的需求時，與其說他們想通過心理學更多地瞭解自己、瞭解他人，或者瞭解人性，不如說他們在潛意識層面希望更多地瞭解操控他人的手段。我覺得這跟心理學本來的目標完全背道而馳。

有幾個企業家對我說了他們對心理學的要求，我對他們說，你們現在內心有兩個幾乎衝突的願望：

一個是你們想更好地管理你們的公司，調動公司所有員工的工作積極性，為公司創造更多的財富。另一個是你們好像不滿足於僅僅作為他們行政或者經濟上的領導者，還想通過學習，比如學習國學或心理學來成為他們的精神領袖。這是典型的想在企業裡建立「政教合一」的統治願望。

「政教合一」的意思是，你不僅是員工的行政領導，而且還是他們的精神領袖。於是，我們會看到這樣的現象，某企業的員工每天早上必須做的事情之一就是背誦總裁語錄。這樣的行為讓我有一種毛骨悚然的感覺，對於企業老闆這樣的貪婪有一種悲憫感。

可以說，這樣的老闆雖然是成年人，而且在經濟上取得了很大的成功，在經商上獲得了如此高的地位，但是他內心的那個嬰兒還在貪婪地渴望著母親的乳頭，還在貪婪地渴望著對這個世界和他人的無所不能的掌控。

色情的投射性認同

色情的投射性認同，即A向B傳遞的元資訊是「我能讓你性滿足」，B接收到後的反應是興奮。它是一種非常特殊的移情和反移情的狀況。

顯然，如果這種關係發生在治療師和來訪者之間，就可以把它理解成來訪者的阻抗。因為來訪者去看心理醫生，不是為了探索自己的內心世界，而是為了向心理醫生表達「我能夠使你性興奮」。

犧牲的投射性認同

犧牲的投射性認同，即A向B傳遞的元資訊是「你欠我的」，誘導出來的B的反應是讚美和服從。

當然，B被誘導出來的反應，有可能是他自己不願意的。在剛開始的這種關係中，B也許會戰勝自己的不願意，而做出A所希望的反應。但是時間長了之後，B可能會因為自由的需要，而從投射性認同的讚美和服從中跳出來。也就說，B可能會變得攻擊與反抗，這是B要打破他跟A之間的投射性認同迴圈的一種努力。

這種投射性認同可以發生在父母和孩子之間。

比如，父母經常對孩子說「為了你，我省吃儉用；為了你，我半夜睡不著覺……」、「你小時候我給你洗了很多尿布」」我為你做出了很多犧牲，我自己的事業都沒有得到很好的發展」，這些資訊都是為了讓孩子有這樣的感覺：我欠爸爸媽媽的。

於是，孩子喪失了反抗父母的道德立場，不敢讓自己的人生過度延伸。因為他的人生過度延伸，就可能意味著對父母的拋棄。他們會在自己的內心，或者在公開的場合，讚美父母對自己做出的偉大貢獻，並且服從父母所有指揮。

當這些讚美和服從延伸了一段時間之後，孩子可能會反抗。也就是說，孩子內心升騰起「我不管欠你多少，我都否認」的念頭，轉而攻擊父母。父母這時候的感覺是：我真的是養了一個白眼狼，我對他那麼好，現在他卻恩將仇報。

如果從精神分析的角度來看這些問題，我們就會發現，父母如果不用「你欠我的」這種犧牲的方式來控制孩子，就能夠給孩子高品質的愛。

在健康的或者成熟的人與人之間的關係中，不應該用犧牲的方式來實施對他人的控制。具體地說，不能使用「你欠我的」這種方式來對他人實施控制。

我們經常會強調一個人對社會的犧牲。所以，有一部分人真的會用這種方式跟社會打交道。他們往往是犧牲自己的個人時間，或者個人目的，全心全意地為社會服務。他們潛意識的感覺是：我為社會做了如此之多的貢獻，社會應該給我相應的甚至更多的回報。

的確，在某一段時間內，他們可能會得到社會的讚美，這會讓他們有即時的滿足感。但是如果他們內心或者是潛意識層面，想用犧牲讓別人覺得自己是債主的感覺沒有消失，那麼等待他們的肯定是失望。因為他們對外界和社會的控制有一點嬰兒般的味道。這會導致他們想像的需要和別人提供的回報之間的巨大反差，最後他們可能會從為社會犧牲個人的狀態，變為不斷抱怨，甚至用行為來攻擊社會的反社會狀態。

投射性認同的應對

誘導，是投射性認同的核心。

投射性認同容易發生在兩個關係近的人之間。如果其中一個人的人格發展得不是太好，或者他的人格還停留在前伊底帕斯期的話，他可能會以種種不易察覺卻強有力的操縱，來誘導另一個人以他期望的方式做出相應的反應。如果對方做出相應的反應，他們兩個人就捆綁在了一起，形成一種沒有分化的、不成熟的親密關係。

在街上，有一個醉鬼說：「我打架最厲害，沒有人打得過我。」一般的人會自動地想，他只是喝醉而已，我沒有必要跟他較真。他投射過來的資訊，實際上是這樣的——你一定要跟我打一架。但是，正常人可以不在他的投射性認同中。

另一個醉得更厲害的醉鬼，他可能會被捲入這種關係中，他心裡會想：「啊，你說你是天下第一，那我豈不是不是第一啦，那我們打一架吧。」然後，正常的人就在街上看到了這樣一幕：兩個醉鬼糾纏到一起去了。

從上述案例可知，投射性認同是一種在兩個人之間製造非常深的糾纏關係的防衛機制，涉及人際關係中的控制和反控制。

一個足夠健康和獨立的個體，不會對周圍環境有太多的控制，並用如此原始的方式來進行控制。

從心理發育階段來說，投射性認同屬於前伊底帕斯期問題，或者肛欲期問題。如果一個人頻繁地使用投射性認同的防衛機制，他可能會有人格障礙問題。

有人會問，如果有人向你投射什麼東西，逼迫你捲入跟他的投射性認同的關係中，那你該怎麼辦？實際上說簡單也很簡單，如果一個人向你投射一些元資訊，要你做出反應，你覺察到之後，很容易做出選擇：你投射你的，但是我可以不認同你。

我們曾經講過這樣一種狀況，有的人沒有辦法用語言跟你說他多麼難受，只能讓你體驗同樣的難受，來告訴你他如何難受。

假如你不懂精神分析，別人讓你難受的時候，你本能的反應可能就是對他實施反擊，「你讓我難受三分，我讓你難受五分作為報復」。如果你懂精神分析就會發現，有的人並不是跟你過不去，而是用他特殊的或者原始的方式跟你交流而已。當你站在這樣的角度來看問題的時候，你就使自己處在了一種不跟別人投射性認同的狀態中，用反控制的方式，擺脫了別人的控制。

在每個人的成長過程中，投射性認同都是肯定要發生的，但如果我們一直停留在這個階段，可能就有問題了。只有當我們不去認同，把這部分還給對方，讓他能夠「把投射出去的東西收回來」，找到自己有能力和力量的部分，這才是讓他成長的方式。

第 17 章

面對防衛的阻抗

醫師這樣說

- 一個人要求治療的動機越強烈，在治療師面前表現得越想被治好，表示他潛意識裡不太願意讓自己好。
- 你不能太快地治好來訪者，因為你太快地消除他的症狀，他會仇恨你。

關於阻抗

阻抗就是對治療的反抗。也就是，你想給我做治療，我不讓你給我做治療，或者我不好好地配合，態度不誠實地讓你給我做治療。

舉個例子，你如果手受傷了，找到一個醫術非常高明，而且跟你非常親近，你也非常信任的外科醫生給你做治療。他在給你消毒、打麻藥、做清創處理的時候把你弄痛了，你自然而然會猛地把手縮回來，而且這個動作是不自覺的。這就是阻抗。

有人可能會問，來訪者花那麼多的錢，那麼多的時間和精力，找治療師做治療，他怎麼可能阻抗呢？這樣提問的人，還停留在意識的水準。

精神分析是一門關於潛意識的學問。阻抗是潛意識層面的。也就是說，作為來訪者，你能夠覺察到的是，你非常希望自己的毛病被治好，但是你的潛意識卻做出很多讓你的毛病不被治好的事情。我們甚至可以這樣理解，一個人要求治療的動機越強烈，在治療師面前表現得越想被治好，表示他潛意識裡不太願意讓自己好。

不能遲到、早到，更不能準時

有這樣一個故事，一個來訪者去治療師那裡做治療，他每次都遲到10分鐘。然後治療師說，你這是阻抗。

這非常好理解，來訪者見治療師的時間只有50分鐘，每次遲到10分鐘，這顯然是減少來訪者探索自己的時間，因此是阻抗。

如果來訪者每次都提前1個小時到醫院，而且每次都告訴治療師，「我今天又在樓下等了你1個小時」，久而久之，治療師也會說「你這是阻抗」。

這也好理解，因為來訪者在不該跟治療師有治療關係的時候，進入跟他的關係，這表示來訪者進入治療師跟別的來訪者的關係，或者說，甚至進入跟治療師的私人關係的領域，這顯然是在發展雙重關係，也不利於治療師對來訪者進行清晰的分析。

最讓人難以理解的是，如果來訪者每次都非常準時地進入治療室，治療師也會覺得「你這是阻抗」，而且是阻抗中最嚴重的一種。比如，雙方約的是早上9點，來訪者每次都是8點59分58秒敲響治療師的門，坐下來的時候剛好9點整。

為了幫助大家理解，以兩個人在公園約會為例進行說明。

比如，兩人約的是晚上6點見面，男孩每次都遲到半個小時，女孩肯定會生氣，就會想，

「你肯定是不愛我，所以你才每次都遲到」。女孩會認為這是對約會的阻抗。

如果男孩每次下午4點就已經到了他們約會的場所，而且女孩來了之後，男孩還跟她說，「我今天又在這兒等了你兩個小時」，估計女孩也會很生氣。因為女孩還沒下班的時候可能就會想，有一個人在那裡等著她，使得她上班的時候心神不定。

當然，估計女孩最生氣的是，每次她可能都是晚幾分鐘或早幾分鐘到他們約會的地方，而男孩從來都是風雨無阻地6點整到達。

這個女孩對這個男孩的印象可能是：你不是在跟我約會，因為約會是一個受情感支持的活動，你好像是給資本家打工，你不願意占一點便宜，也不願意吃一點虧，顯然這是對見我的一種非常機械的行為。所以這個女孩會覺得，我們算了吧，你該幹嘛幹嘛，因為你對我不帶任何情感色彩。

「其實我就是不想再講初級課程了」

這是關於我自己的一個例子。我做過一套關於精神分析初級班的網路課程，是因為我厭煩了初級班的講課。也就是說，我在不斷地重複那些初級班的內容時，有非常不舒服的感覺，甚至有一種受虐的感覺，所以我想一勞永逸地解決這個問題。

聽過我初級班課程的人都會發現，曾老師每天早上上課非常準時，9點整宣布開始，12

點準時下課，下午2點半準時開始，5點半準時下課。實際上，在這些機械行為的背後，我能明確地感覺到，我對講這些重複性課程的厭煩，其實我就是不想再講初級課程了。換成專業的術語就是，我對講初級精神分析課程已經有非常大的阻抗。

「你實在是太不想自己被治好了」

有一次，一個來訪者通過各種社會關係找到我，請我盡最大的努力把他治好。他的要求有以下兩條：

第一條，不付費。倒不是他付不起這個錢，而是他覺得，如果跟我聊得非常親密還給我錢，實在是太俗氣了。

第二條，隨叫隨到。他不能到醫院去找我，而且每一次談多長時間由他說了算，一直要談到他覺得不需要再談為止。

我歎了口氣說：「你實在是太不想自己被治好了。」他問我為什麼這樣說。

我說：「我想怎麼治療你，是我的事情，但是現在看起來，你是在教我怎麼治療你，那和你自己折騰你的問題有什麼區別呢？所以，你如果想被治好，最好的辦法就是我們兩個變成純粹的治療關係，也就是說公事公辦的關係。我怎樣對別的來訪者，我也會怎樣對你，這會極大地增加我治好你的可能性。」

五種主要阻抗

超我阻抗：不能讓自己舒服地活著

超我的對等物相當於社會規則、道德準則、法律之類的東西。它實際上是用來控制一個人在社會生活中的言行的，即有些事情可以做，有些事情不可以做。如果不可以做的事情你做了，你就會懲罰自己，產生道德上的內疚感。

超我阻抗，意思是你一直都處在某種疾病所導致的苦難狀態，如果一夜之間你的病被治好了，你沒有那些痛苦了，你可能會覺得「我怎麼可以如此舒服」。

我曾經寫過一句話，模擬我對另一個人說話：我知道你從來沒有無恥到會讓自己舒服地活著。這實際上就是在說一個人的超我。

我們的父輩，他們是在物質和精神生活都非常匱乏的情況下，生活了幾十年。現在條件好了，你想孝敬他們，給他們買很好的衣服，請他們吃很貴的飯，或者是享受別的需要花很多錢的娛樂活動，他們大多會拒絕。因為做這樣的事情，他們會有道德上的內疚感。這也是典型的超我阻抗。

精神分析中有一句名言：你不能太快地治好來訪者，因為你太快地消除他的症狀，他會仇恨你。

有一次我說了這句話，有一個老心理學家哈哈一笑，說：「你們就是想多賺來訪者幾次治療費。」我聽了後也哈哈一笑，對他說：「老師，不是這樣的，我們考慮了超我的阻抗。」

原因在於，治療師如果太快地讓來訪者從痛苦中解脫出來，來訪者的愉悅和舒服的感覺在象徵層面相當於：他滿足了被禁忌的性的欲望，就會產生內疚的感覺。而內疚就是自我攻擊。這種內疚的感覺讓來訪者非常不舒服，他又會使用逆轉的防衛機制，把朝向自己的攻擊轉向攻擊治療師，讓治療師不舒服。所以過快地把來訪者治好，真的不是一件好事情，這就是所謂的超我阻抗。

本我阻抗：不能讓自己輕易地改變

本我阻抗是什麼？打個比方，一個人的原欲在某個河床上已經流淌了十幾年，你如果想改變這個原欲河流的流向，非常不易。

原欲的滿足基本上等同於本能的滿足，一個人習慣了某種愉快或者過癮的方式時，你想改變他的行為，實在是太難了。像抽煙、喝酒這樣的行為，都不太可能輕易改變，更何況是涉及一個人整體人格基礎的與愉快或者習慣有關的東西。

現在同性戀行為已經被排除在精神疾病診斷之外，簡單來說就是，同性戀不再是問題，而是一種像左撇子一樣很正常的狀態。很久以前，很多人都試圖改變一個人的性取向，他們發現這是一件非常困難的事情，因為一個人的本我阻抗實在是過於強烈。

原發性獲益阻抗：壓抑原欲和攻擊性是好的

原發性獲益，意思是一個人面臨某種衝突的時候，如果立即採取某種防衛機制，就會讓內心獲得寧靜，所以誤認為這種防衛本身是好的。原發性獲益阻抗，來自原發性獲益。

比如，一個人突然產生了搶銀行的衝動，在銀行門口來回地轉了幾個小時，在想搶還是不搶，最後決定不搶，他的內心就平靜了。這會讓他誤認為，壓抑自己的攻擊衝動是好的。當然，僅僅是從搶銀行這件事來說，這種壓抑是好的，因為這種壓抑可以避免法律的懲罰。

但是，如果一個人的攻擊性在社會允許的方面，比如賺更多的錢，擁有更大的房子，有更高的榮譽和成就等，這樣的攻擊性被壓抑的話，就會導致現實功能的障礙。比如有的人覺得，自己如果不取得更多或更大的成功就不會有危險，這樣的人會一直使自己處在比較低的社會地位的狀態。

當然，還有與性有關的衝動。一個人有性的欲望，讓他非常焦躁不安，他突然想到別人的一種說法：欲望是邪惡的。這樣，他的性欲就被暫時壓了下去。這會讓他感覺到，這樣的觀點好像就是真理，讓他立即獲得好處。

那麼，在面對與攻擊、性有關的事情時，應該怎麼做比較好呢？絕對不是壓抑，而是應該讓它們向外和象徵化，即把它們在社會和道德許可的範圍內進行釋放。

繼發性獲益阻抗：生病可以獲得好處

繼發性獲益，就是通過疾病獲得好處。繼發性獲益阻抗，來自疾病帶來的好處。我記得小時候因為不願意早起去上課，便經常對媽媽說我肚子痛。當然，她非常清楚我並不是肚子痛，而是不想上學而已。但是她多半都會「縱容」我，幫我跟老師請假。這就是典型的繼發性獲益：我肚子疼，所以我可以不去上學。

一位家庭治療師曾經治療過一個10歲的神經症小男孩。治療師對他們一家三口進行了家庭治療，問這個小男孩：「你能不能告訴我們，在你出問題之前和之後，爸爸媽媽對你的態度有什麼不一樣？」

小男孩想都沒想說：「我生病之前爸爸媽媽一天到晚吵架，自從我9歲生了病，爸爸媽媽最近一年多都沒有吵架。」

然後治療師非常「陰險」地說：「那你的病不能好，因為好了之後，爸爸媽媽會繼續吵架。」

治療師的話並不是說給孩子聽的，而是說給他的父母聽的。他是要讓孩子的父母知道，他們夫妻之間的安定團結，是需要孩子生病為代價的。孩子的父母一旦明白這個道理，就可能再也吵不起來了，因為他們會覺得孩子生病跟他們有關，而且如果孩子的病真的像治療師說的那樣不能痊癒的話，跟他們的夫妻關係也有很大的關係。

繼發性獲益也讓我們在迅速治好來訪者方面有所節制，印證了那句名言「不能太快地治好來訪者」。

還有些人，用自己的疾病來調配人際關係。這在中老年人群中很常見，他們可能會讓自己生各種各樣的疾病，以此來調動周圍的親人或者朋友，這也是疾病的一種好處。

移情阻抗：理想化是為了攻擊

移情，意思是來訪者以他與父母打交道的模式，來跟治療師打交道。這實際上是在避免他對抗父母，或者說避免自己的疾病好轉。移情阻抗，就是由移情引起的對抗。

一個30多歲的、社會地位比較高的女性，因為有些情緒問題來找我。她哭著說：「我是一個女人啊，為什麼社會對我要求這麼高，我有時候真的想找一個強大的男人的肩膀靠一靠。」

在我們的關係中，我覺得她對我有一些依賴。我估計，她可能覺得我就是她幻想的那個強大的男性。但是我反移情的感覺是，我也許配不上她對我的期待。

於是，我對她說：「有沒有可能在你心裡發生了這樣的變化，你把自己分成兩個部分，一部分是強大的，另一部分是弱小的。你把強大的部分投射到了你想像的男人的肩膀上，或者投射到了作為你的心理治療師的我的肩膀上，然後你自己就變得越來越弱小。如果你真的靠在這樣一個男人的肩膀上，也許短時間內你會覺得自己有了依靠，但是時間長了之後，你慢慢就會覺得，這個男人的肩膀並不像你想像的那麼有力量。」

男人的肩膀跟女人的相比，從肌肉這個角度來說，的確是要強一些。但是這跟內心的強大幾乎沒有太大的關係。從內心的角度來說，女人也可以跟男人一樣強大。

在很多人的認知中，女人的內心不如男人的強大。很顯然，這是一個誤導。在生活中，大家肯定看到過，很多女人的內心比男人的還要強大。

其實，這裡涉及理想化的移情。當一個人把另一個人看成理想中的父母，然後把對理想父母的智慧和強大的願望，投射到這個人身上的時候，最後往往得到的是理想化破滅後的失望。因為沒有任何人配得上他的理想化的投射。然後，他會進行攻擊，「你怎麼可以這樣，你怎麼能沒有我想像的那麼強大」。之後會面臨另一個程度的，或者換角色的理想化過程。這就是所謂的理想化的移情。

對此，我們理解的順序是：理想化——理想化失望——攻擊。但是精神分析的理解是相反的，所以心理動力學的理解是：你本來就想攻擊這個人，而你不好意思直接攻擊，只好先把他想得完美無缺，即理想化，但是你的潛意識知道你的投射會讓你失望，所以你把他理想化本身就是為了對這個人實施攻擊。

作為治療師，在這種狀況下的反移情的反應是，被來訪者置於一個「我本來不是這樣，但是你要求我這樣」的狀況。遇到這種情況，治療師及早地解釋和干預非常重要。

比如，你覺察到來訪者把你想像得過於完美的時候，你可以對他這樣說：「如果我表現得沒有你期望的那麼優秀，你會不會對我失望？」這樣說的目的是，把來訪者潛意識裡隱藏的、準備好的對治療師的攻擊意識化。這樣，來訪者對治療師實施的攻擊就不再那麼猛烈，也就不會導致治療關係的破裂。

這些阻抗經常一起出現，沒有哪一種阻抗只起到這五種阻抗中的一種作用，經常是一種阻抗的表現形式包含了五種阻抗。在面臨嚴重的阻抗時，治療師的治療進程會很艱難，但這是每個治療師都需要面對的。治療師沒有資格抱怨來訪者的阻抗太嚴重，因為阻抗是來訪者的問題本身，治療師總是抱怨，只能說自己水準不行。

適度防衛

作　　者　曾奇峰
封面設計　白日設計
內頁排版　游萬國
總 編 輯　陳毓葳
社　　長　林仁祥
出 版 者　沐光文化股份有限公司
發　　行　沐光文化股份有限公司
台北市大安區安和路 2 段 92 號地下 1 樓
電　　話　(02)2805-2748
E-mail：sunlightculture@gmail.com
印　　製　呈靖彩藝有限公司　電話：(03)322-7195
總 經 銷　大和書報股份有限公司
電話：(02)8990-2588　傳真：(02)2299-7900
地址：新北市五股工業區五工五路 2 號
E-mail：aquarius@udngroup.com
定　　價　350 元
初版一刷　2023 年 3 月

國家圖書館出版品預行編目 (CIP) 資料

適度防衛 / 曾奇峰著 .
-- 初版 . -- 臺北市 : 沐光文化股份有限公司 ,
2023.03
　面；　公分
ISBN 978-626-97111-0-9(平裝)

1.CST: 精神分析 2.CST: 社會心理學 3.CST: 人際關係
175.7　　112001023